モーリス=
メルロ=ポンティ

メルロ＝ポンティ

• 人と思想

村上 隆夫 著

112

CenturyBooks 清水書院

はじめに

写真で見るメルロ＝ポンティは、細面《ほそおもて》の、澄んだ眼差しをした、おとなしい紳士然とした人物である。二〇世紀フランスを代表する哲学者の一人である彼は、一九四五年から彼の死んだ一九六一年頃まで続いた実存主義の時代に属していた。しかし彼の思想が日本に本格的に紹介され始めたのは、日本においてもすでに実存主義の時代が終わりを告げた後になってからであった。

実存主義と呼ばれる思想潮流は、フランスにおいても日本においても、第二次世界大戦後の一定の社会状況と密接に結びついていた。フランスと日本においては、第二次世界大戦の過程で伝統的な社会秩序が崩壊し、戦後しばらくの間は社会規範の空白状態が生じた。人間は本質的に自由であり、むしろ自由の刑罰に処せられているという実存主義の思想が多くの人々の共感を呼んだのは、価値観のこのような無政府状態が存在したからであった。さらにフランスと日本においては、第二次世界大戦の過程で共産党がその断固たる反ファシズム闘争によって圧倒的な権威を得ていたが、戦後になるとこの両国は、反共主義を掲げるアメリカに政治的・経済的に従属させられていった。一方では共産党の鉄の規律にしたがうことなしに思想と批判の自由を保持しながら、他方では共産党の政策に大筋では賛成して、アメリカの支配に対して闘うというメルロ＝ポンティらの政治姿勢が、フランスでも日本でも知識人の広い支持を受けたのは、このような状況が存在したからであった。したがって一九六〇年代になって、フランスと日本が現代的な産業国家に変貌し、反ファシズム闘争の記憶とともに共産党の権威が失われるにつれて、実存主義もまたその使命を終えて、歴史の舞台から退場していったのである。

すでに述べたように、メルロ＝ポンティの思想は、実存主義の時代がこのように終了してから日本に紹介され始めたが、それは彼の哲学が、一方では時代状況と密接に結びつきながら、他方では時代状況を越えた哲学の基本的な問題に取り組んでいたからであった。したがって、彼の無二の親友であり好敵手《ライヴァル》でもあったジャン＝ポール＝サルトルの思想は、時代状況とあまりにも密接に結びついたジャーナリスト的なものだったために、状況が変化するとほとんどすぐに忘れ去られてしまったのに対して、メルロ＝ポンティの思想の方は今日でも持続的な影響を及ぼしつづけているのである。日本において現在もメルロ＝ポンティについて活発な討論がおこなわれ、彼の難解な著作が引きつづいて翻訳されているのは、そのためである。彼の著作の複雑に入り組んだ文章を読み取ろうとする読者は、彼が決定的な真理を探り当てて、それを何とか伝えようともがいているのを感ずるのであり、彼の著作のなかに見え隠れしているこの魅惑的な真理を何とか自分でもつかまえたいと願うのである。

本書は、このメルロ＝ポンティの生涯と思想について概観を与えようとしている。そして、すでに述べたように、彼の著作がきわめて難解で理解しにくいということは定評になっており、本書もまたこの点で苦労せざるを得なかった。彼の著作が難解である理由は、おそらく二つある。第一には、メルロ＝ポンティがその意味を必死に読み取ろうとした歴史的状況は、すでに過去のものとなっている。人々が実存主義思想に熱中したり、共産党が知識人に対して圧倒的な権威をもっていた時代を想像するのは、今日では難しくなっている。したがって彼の政治的な諸著作は、今ではその意味を充分に捉えることが困難になっているのである。第二の理由は、メルロ＝ポンティの思想の本質に関っている。彼は、人間が身体をもっているという単純な事実に注目し、このことを彼の考察の中心にすえる。そして彼は、このように身体をもった人間にとっては世界はつねに遠近法的展望《パースペクティヴ》のもとに現れるということをつねに強調する。したがって彼は、神のように全体をいっきに捉えようとする立場を「上空飛行的思考」として批判するのである。このような姿勢は彼の著作にも現れていて、彼は、自分の思想の全体像を鳥瞰図《ちょうかんず》にしていっきに体系的に与えるということを決してしない。したがって彼の著作を読む読者は、市庁舎の屋上から市街を一望のもとに捉えるように、彼の思想の全体的構造をつかまえるわけにはいかず、むしろ無数の街路や路地をさまようようにして、個々の細部の論述からその全体の姿を想像するしかないのである。しかし街には独特の表情があるように、一人の思想家の思想にも独特のスタイルがある。そしてメルロ＝ポンティは、

「身体の所作のすべてに共有されている」このようなスタイルに注目していた。本書のこれからの論述もまた、メルロ＝ポンティのすべての思想表現に共有されている独特のスタイルを明らかにしたい。彼の思想の全体像は、このスタイルから浮き上がってくるであろう。

本文中の引用の出典については、巻末の参考文献を参照されたい。邦訳のあるものからの引用は、原則としてすべて邦訳書から引用させていただいた。なお引用した訳文には若干の変更を加えた場合もある。

目次

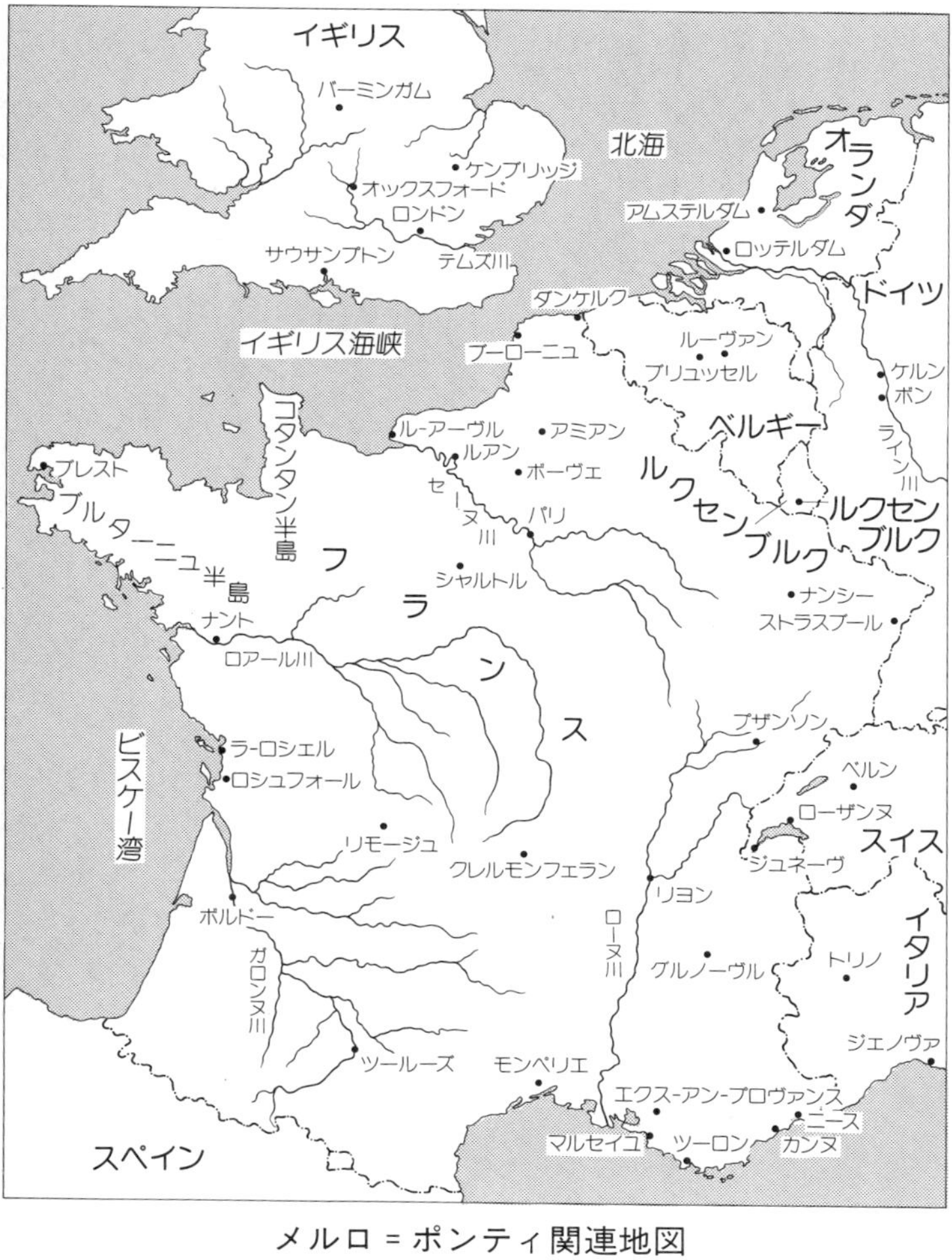

メルロ＝ポンティ関連地図

I

メルロ＝ポンティの生涯

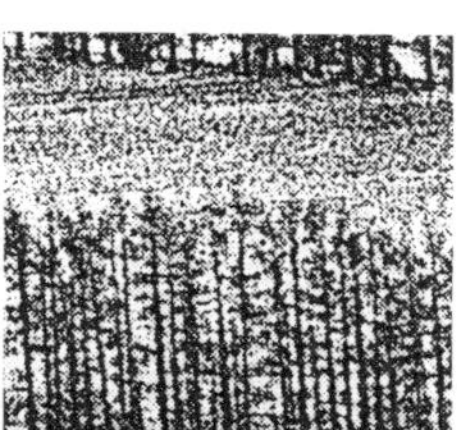

最後の「良き《ベル》・時代《エポック》」

南フランスの陽光

モーリス＝ジャン＝ジャック＝メルロ＝ポンティ（Maurice Jean Jacques Merleau-Ponty）は、一九〇八年三月一四日、フランス海軍の将校の次男として、シャラント・マリティム県のロシュフォール・シュル・メールに生まれた。彼が生まれたこの町は、大西洋に面した南フランスの軍港であって、ルイ一四世時代の財務総監コルベールが一六六一年にここに海軍基地を建設して以来、この町には、地中海沿岸のツーロンやブルターニュ半島先端のブレストとともに、フランス海軍の鎮守府が置かれていた。そしてこの町は一人のフランス海軍将校によって日本と関係をもっている。すなわち一九世紀末に日本を訪れてその見聞録『秋の日本』や『お菊さん』を発表したピエール＝ロチは、このロシュフォールの出身であって、現在でもこの町には「ピエール＝ロチ博物館」がある。「セザンヌの疑惑」や「眼と精神」のような論文においてメルロ＝ポンティが示している絵画への深い造詣は、この『秋の日本』や『お菊さん』などに見られるロチの繊細な色彩感覚とともに、南フランスの明るい風土がもたらしたものなのかもしれない。

写真上　セザンヌが好んで描いたサン・ヴィクトワール山の眺め

写真左　サン・ヴィクトワール山（セザンヌ筆）

メルロ＝ポンティ家は、代々医者や官僚を多く輩出している家系であって、その一族は、大西洋岸のスペインと国境を接するベアルン地方や、ガロンヌ川流域の南フランスのギュイエンヌ地方に多く散らばっている。したがって彼の家系はもともと南フランスに深く結びついていたと言えよう。またメルロ＝ポンティという名称からわかるように、この家系にはイタリア系の血が入っており、そのこととは直接に関係はないのかもしれないが、後で彼の友人の一人は彼のことを「ローマ人ふうの横顔をもった男」だと証言している。メルロ＝ポンティは画家のセザンヌ（一八三九〜一九〇六）を尊敬し、セザンヌの絵画について思索することを自らの哲学の課題と見なしたが、このセザンヌもまた南フランスに深く結びついていた。すなわちこの画家は、南フランスのプロヴァンス地方の風物をこよなく愛し、この地方の田舎町エクスに居を定めて、この地方の明るい光をカンヴァスに描きつづけたのである。そしてこのセザンヌにメルロ＝ポンティを引きつけたのは、一つにはこの南フランスの明るい陽光であった。

比類なく幸福な幼年時代

海軍軍人であった父親はメルロ＝ポンティが三歳の時に亡くなり、それ以後の彼は、やさしい母親によって、兄と妹とともに、きわめて親密でむしろ閉鎖的な家族関係のもとで養育された。この少年時代は彼にとって最も幸福な時代であった。後に友人のサルトルは、この点について次のように証言している。「メルロは、一九四七年のひと日に、比類ない幼少期から自分は決して恢復《かいふく》しなかったと私に告げたことがある。彼は最も心したしい幸福を味わったのであり、そこから年齢によって追い立てられることがなかった。」

メルロ＝ポンティの生涯において明らかに最も重要な友人であったこのジャン＝ポール＝サルトル（一九〇五～八〇）は、さまざまな機会を捉えて自らの生涯について語ったが、それとは対照的にメルロ＝ポンティは、個人的な事柄についてはほとんど何も書き残さず、また弟子の証言によれば、「打明け話などもめったにしなかった。」ただしメルロ＝ポンティによれば、作家というものは自分の生涯について直接には何も語らなくても、その「……作家の生……は、作品のうちに開かれている。」そして実際に彼の作品のなかには、彼が他の人物の生涯に託して自分の生涯について語っているとおもわれる箇所がいくつかあって、それらはサルトルの証言を裏書きしている。

たとえば一九四五年の論文「セザンヌの疑惑」の末尾にあるレオナルド＝ダ＝ヴィンチ（一四五二～一五一九）の生涯に関する記述のなかには、メルロ＝ポンティが自分自身の生涯についておこなっていた認識が反映しているようにおもわれる。そこで彼は、ダ＝ヴィンチについてフロイトがおこなった精神分析的研究に依拠しながら、その生涯の「最初の四年間を、捨てられた農夫の娘である母と過ごし、父なし子であった」ダ＝ヴィンチについて次のように述べている。すなわち「レオナルドが愛したのは母というただ一人の女性だけであり」、彼は「その幼年期の決定的な四年間に、……ある根本的な愛情の絆をすでに結びあげており、そこにその愛の資源や断念の力をことごとく委ねたのである。それ以後、彼がなすべきことは、もはやただ、その生への渇望を、世界の探求と認識とに用いることだけであった。」こうしてダ＝ヴィンチは、それ以後は「異邦人」となり、「直接的には怒ることも愛することも憎むこともできぬ超脱のひとに」なったのだった。そして、サルトルの回想によれば、ちょうどそれと同じように、メルロ＝ポンティもまた比類なく幸福な幼年時代から「楽園喪失」によって追放された後で、哲学によって世界を認識しようとする「超脱のひと」となったのであった。こうして大人になった彼は、ダ＝ヴィンチと同じように、「一〇日のうち九日は、自分のまわりに……何か未知の祝祭の名残りのような」寂寞《せきばく》たる風景を感じながら、哲学研究にその生涯を捧げたのであった。

メルロ＝ポンティの幸福な少年時代は、後になってフランス人が「良き時代《ベル・エポック》」と呼んだ時代の最後にあたっていた。すなわち一八八九年のブーランジェ将軍のクーデター計画が失敗した後のフランスには、しばしの平和な時代がおとずれた。さらに、この年に開催されたパリ万国博覧会や、この年に完成したエッフェル塔によって象徴されるように、これ以後のフランスでは重化学工業の発展に代表される経済的な繁栄がおよそ二〇年にわたって続いたのであった。そして一九一四年の夏がきて、雲一つない異常な好天がヨーロッパを覆《おお》ったかとおもうと、八月一日に勃発した第一次世界大戦がヨーロッパとフランスを一変させてしまった。そしてフランス人は、後になってこの一九一四年の夏の信じられないような素晴しい青空を回想した時、それ以前の時代が彼らにとって二度と帰らぬ「良き時代」だったことに気づいたのであった。メルロ＝ポンティは『知覚の現象学』のなかで、この点について次のように回想している。

「……当時の至福な想いは、家族的環境に保護された雰囲気というだけのことで説明しつくされることを拒むものであって、世界そのものがもっと良かったのであり、事物そのものがもっと魅惑的だったのである。」

「良き時代《ベル・エポック》」の崩壊

第一次世界大戦が勃発した後も、メルロ＝ポンティ自身の生活は母親の庇護《ひご》のもとで平穏だったかもしれないが、フランス社会の様相は激変してしまった。開戦後の最初の一か月だけで実に三〇万人の死傷者を出したフランス軍は、結局この戦争で戦死者一三五万人、負傷者四二六万人、捕虜・行方不明五万人という大損害を蒙《こうむ》った。フランスは辛うじて戦勝国となったとはいうものの、一九一七年にはあまりの損害に耐えかねてフランス軍のなかに厭戦気分が広がり、フランス軍全体の三分の二にあたる六八個師団で反乱が起こった。フランスは実際にはとても戦勝国といえる状態で終戦を迎えることはできなかったのである。「私は、名誉と栄光に包まれた兵士が顔をそむけ、賛辞を拒んだ際の、沈黙と白けた空気と私の子供ながらの驚きとを思い出す。」メルロ＝ポンティは、少年の日に経験したこの戦争の思い出をこのように語っている。

一九一八年にドイツの敗北をもって終わった第一次世界大戦は、古きよきヨーロッパ社会を跡かたもなく破壊してしまった。ドイツ帝国とオーストリア＝ハンガリー帝国とロシア帝国は戦争と革命によって吹き飛ばされた。そして中部ヨーロッパと東ヨーロッパでは、混沌とした厳しい状況のもとで、これらの帝国の残骸のなかから新しい型《タイプ》の社会と新しい型《タイプ》の思想が出現してきた。しかし「辛うじて戦勝国となった国」フランスは、このような社会的変動を経験することなく、むしろ国境の彼方で起こっていた社会的変動から眼をそらして偏狭な排外主義に陥っていった。メルロ＝ポンティによれば、「われわれはこれらを正面から考察するには、あまりにも幸せすぎる、またあまりにも弱すぎる国に生きていた」のである。ヴェルサイユ講和会議でドイツに過酷な賠償請求をおこない、ドイツの賠償不履行を理由にルール地方を占領したりしたフランスは、ふたたびヨーロッパの主導権を獲得したかのような幻想を抱いていたが、実際には知的・文化的な沈滞期を迎え、思想やその他の分野で他のヨーロッパ諸国の水準から大きく取り残されていったのである。

「人民戦線《フロン・ポピュレール》」の時代

高等師範学校への入学と友人たち

メルロ＝ポンティは終戦の翌年の一九一九年に、英仏海峡に面した港町ル・アーヴルの高等中学校《リセ》に入学した。第二学年までの四年間をこの地で過ごした彼は、一九二三年にパリのジャンソン・ド・サイイ高等中学校に移り、この年に大学入学資格《バカロレア》の第一部を取得し、翌年に第二部を取得した。さらに一九二四年に、同じくパリのルイ・ル・グラン高等中学校に移った彼は、ここで第一学年を終了して、受験準備クラス《プレミエール・シュペリユール》に進んだ。この時に哲学級に進んだ彼は、その際すでに哲学者となることを決意した。彼は後に対談のなかで次のように回想している。「哲学級に入った日に、私は、自分がしたいことは哲学だと悟りました。その時も、それ以後も、この点について躊躇《ためらい》をもったことは一度もありません。」この哲学級で彼は、当時のフランス哲学界で世界的な名声を博していたアンリ＝ベルクソン（一八五九〜一九四一）の哲学についての講義を熱心に聴講している。

一九二六年にメルロ＝ポンティは、高等師範学校《エコール・ノルマル・シュペリユール》に入学した。この学校は、理工科学校《エコール・ポリテクニーク》とならんで、フランス最高の高等教育機関であり、教授の養成を目的としていた。彼は二二番の成績でこの学問の府に入学し、一九三〇年に哲学の教授資格試験《アグレガシオン》に二番の成績で合格している。この高等師範学校で彼は、サルトル、シモーヌ＝ド＝ボーヴォワール（一九〇八～八六）、ポール＝ニザン（一九〇五～四〇）、レイモン＝アロン（一九〇五～八三）、シモーヌ＝ヴェイユ（一九〇九～四三）、クロード＝レヴィ＝ストロース（一九〇八～　）などと学友であった。そしてメルロ＝ポンティを含めてこれらの人々は、当時のフランスの知的な沈滞と立ち遅れを鋭く察知し、中部ヨーロッパや東ヨーロッパで現れてきた現代思想の潮流をいちはやく摂取して、戦後のフランスの思想界を指導していくことになった。

後にサルトルの愛人となり、また雑誌「レ・タン・モデルヌ」の共同編集者としてサルトルやメルロ＝ポンティと一緒に活動することになるボーヴォワールはこの時期にはメルロ＝ポンティととても親しく交際しており、ほとんど彼の恋人であった。彼女の回想記『娘時代』のなかには、メルロ＝ポンティをモデルにした人物が登場するが、この人物については次のように書かれている。「彼は私よりも少し年下で、一年前から高等師範《エコール・ノルマル》に通学生として在学していた。彼もまた良家の子弟らしい態度を有していた。しかし堅苦しいところは少しもなかった。明るいかなり美しい顔立ち、おだやかな眼差し、うぶな笑い方、率直で快活な受けこたえ、私はすぐ彼に好意をもつようになった。……私たちは毎日、王妃の石像の下で会うことにしていた。」ここでボーヴォワールが指摘しているメルロ＝ポンティの「うぶな笑い方」は、彼がごく親しい友人に対して見せたものであって、サルトルはそれを、「彼が自分の誠実さをそれで蔽っていた例の悲しげな陽気さ」と表現している。サルトルによれば、メルロ＝ポンティのこの表情は、「自分の幼少期に絶望的な名残りおしさをおぼえながら、それがふたたび立ち返るべくもないのを知っていた」ことから由来するものであった。そして彼は、それほど親しくない人々に対しては、慇懃《いんぎん》だが冷たくよそよそしい態度をとって、ダ＝ヴィンチのように「異邦人」としてふるまったようである。

聖体拝領《コミュニオン》と
サルトルとの友情

当時の高等師範学校《エコール・ノルマル・シュペリユール》では社会主義的な傾向の学生グループとカトリック系の学生グループとが対立していた。レイモン＝アロン、ポール＝ニザン、ジャン＝ポール＝サルトル、シモーヌ＝ヴェイユなどは社会主義的なグループに属して、教会の権威とブルジョワ社会の伝統的な慣習に反対していた。これに対してメルロ＝ポンティはカトリック系のグループに属しており、学生の隠語で言えば「タラ」であった。パリの一六区ルゥール街にあった母親の家から通学していた彼は、高等師範学校に入学した頃はすでに信仰を失っていたが、敬虔なカトリック教徒であった母親を悲しませないために教会の礼拝《ミサ》には通っていた。しかし彼は学生時代にソレムの僧院に通って信仰を取りもどし、信仰告白

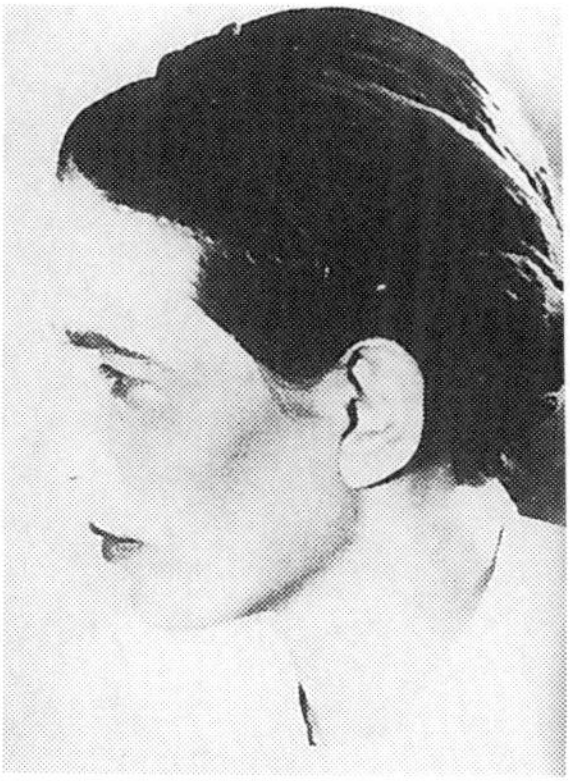

シモーヌ＝ド＝ボーヴォワール

をおこなって聖体拝領《コミュニオン》を受けた。メルロ＝ポンティと交際していたボーヴォワールは、彼がフランス社会の伝統や慣習にあまりにも順応していることに異和感をもってきていたが、一つには彼のこの回心がきっかけとなって彼と疎遠になった。ただしメルロ＝ポンティは、宗教的・政治的な立場の違いにもかかわらず、サルトルとは友人関係を結ぶことができた。ある日彼は、学内で卑猥《ひわい》な反戦歌を歌っていた学友たちのことを口笛でからかったために袋叩きになりかけたが、その時に仲裁に入って助けてくれたのがサルトルであった。それ以来二人は友人となり、彼らの友情はメルロ＝ポンティが死ぬ時まで続いたのであった。

フッサール現象学との出会い

メルロ＝ポンティの回想によれば、彼が学生だった頃のフランスで最も権威をもっていた哲学思想はレオン＝ブランシュヴィックの思想であった。彼はこの新カント主義者ブランシュヴィックを高く評価していたが、神のごとき視点から世界を構成する理性を前提としたその観念論には強く反対していた。サルトルの回想によれば、メルロ＝ポンティは、はるか高みから神のように人間と自然を見おろしてそれらを普遍的な概念の対象とするような哲学や科学に対して深い不信感を抱いていた。そしてこのような「上空飛行的思考(pensée du survol)」に対する批判は、後のメルロ＝ポンティの哲学の基本的な主題《テーマ》となった。こうして幼年時代に経験された世界に愛着を感ずるのと同じように、科学の普遍的な概念によって抽象化されてしまう以前の根源的で原初的なものを目ざしていたメルロ＝ポンティは、むしろアンリ＝ベルクソンの哲学に魅力を感じ、とくにベルクソンが一八九六年に出版した『物質と記憶』に引きつけられた。なぜなら彼が後で述べているように、当時はすでに「やや遠景に退いた形になっていた」ベルクソンのこの本ほどに「知覚世界（monde perçu）のなまな存在（être brut）が記述されたことも、それまでになかったこと」であり、一般にベルクソンの哲学は「知覚の上空を飛行するのではなくそのなかに沈潜することを自らに課すような哲学」だったからである。しかしメルロ＝ポンティは、一九二八年にノーベル文学賞を受けたこのフランス思想界の重鎮《じゅうちん》ベルクソンの哲学にも不満をもっていた。なぜならベルクソンの哲学は、知覚における人間と物との神秘的な融合状態から「生の飛躍（élan vital）」という直接的な生命感情を引き出すだけの非合理主義に陥ってしまって、このような知覚の融合状態から合理的な思考や科学的な認識がいかにして生じてくるかを示していないように、彼にはおもわれたからであった。

アンリ＝ベルクソン

　このような問題意識をもって哲学を研究していたメルロ＝ポンティは、ロシアから亡命してきた哲学者ジョルジュ＝ギュルヴィッチが一九二八年から三〇年にかけてパリ大学でおこなった現代ドイツ哲学に関する講義を聞いて、初めて現象学について知った。さらに一九二九年には、現象学の創始者エドムント＝フッサール（一八五九〜一九三八）がパリで講演をおこない、メルロ＝ポンティはそれを聴講した。当時七〇歳のこの老哲学者がパリでおこなった講演は大きな反響を呼び、フッサールはこの講演を『デカルト的省察』という本にまとめた。そしてその仏訳は一九三一年に出版された。このフッサールの現象学は、判断停止《エポケー》と呼ばれる手続きによって、われわれがふつう世界についてもっているすべての先入見をいったん捨て去り、そこに客観的に存在していると信じられている世界を、意識に現れるがままの現象へと還元する。そして現象学は、この現象学的還元によって、いっさいの科学的認識の基礎をなしている知覚の経験へと立ち返った後で、われわれが世界について日常おこなっている判断や科学的認識がこの無言の経験からいかに形成されてくるかをあらためて明らかにしようとしていた。したがって二〇世紀の二〇年代にウィーンで始まったこの現象学は、メルロ＝ポンティのかねてからの問題意識とよく合致するものであった。そしてやがて彼は現象学を自らの哲学的方法として選びとることになるのである。

衝撃的な秘密

メルロ＝ポンティは一九三〇年に哲学の教授資格《アグレガシオン》を得て、高等師範学校《エコール・ノルマル・シュペリユール》を卒業した。そしてボーヴォワールの回想によれば、彼はこの時期に自分の生涯の秘密に関わる衝撃的な事件に遭遇《そうぐう》したのであった。すなわちボーヴォワールは学生時代に、少女の頃からの彼女の親友をメルロ＝ポンティに紹介した。ザザの愛称で呼ばれていたこの活発な女性と彼はすぐに恋仲となり、二人はメルロ＝ポンティが兵役を終えたら結婚しようと約束した。ところがザザの両親はやがてこの結婚に強く反対するようになり、メルロ＝ポンティもまた彼女を避けるようになった。そしてこのことについて後にボーヴォワールがザザの姉から聞いた説明は次のようなものであった。すなわちザザの両親は娘の結婚をひかえて婚約者の家庭を密かに調査させた。そこで判明したことによれば、メルロ＝ポンティの母親は、海軍士官の夫がピエール＝ロチのように軍艦に乗り組んで外洋に出ている間、ある大学教授と恋愛関係にあり、メルロ＝ポンティと妹は実はこの愛人との間に生まれた不義の子なのであった。したがって彼は、レオナルド＝ダ＝ヴィンチと同じように私生児だったのである。またサルトルによれば、メルロ＝ポンティは「自分の先史の古風な秘密に悩む」人物であったが、この悩みはたんに人間の誕生一般に関わる実存主義的な悩みではなく、もっと切実な出生の秘密に関わるものだったわけである。ザザの父親は、ある夏の日に、パリのブーローニュの森でメルロ＝ポンティと会い、彼と妹が私生児であることを告げて、彼と娘との結婚を禁ずる旨を伝えた。自分と妹の出生の秘密を知って驚愕《きょうがく》したメルロ＝ポンティは、とくに婚約中の妹の相手の家族にこのことが知れるのを恐れて、この秘密を誰にも洩らさぬかわりにザザとの結婚をあきらめることに同意したのであった。婚約が破綻《はたん》した事情を知らされなかったザザはその後しばらくして発狂し、彼女の両親はあわてて二人の結婚を許したが、すでに時おそく、彼女は廃人状態で精神病院で死んだのであった。

ボーヴォワールのこの回想は、C＝フランシス、F＝ゴンティニ著『ボーヴォワール、ある恋の物語』のなかで、ボーヴォワール自身が語った逸話として記録されている。もしこれが真実だとすれば、それはこの時期のメルロ＝ポンティに大きな打撃を与えたに違いない。また「ある金持ちの公証人の私生児」として「父なし子」だったレオナルド＝ダ＝ヴィンチの生涯に対して彼が深い関心を寄せたことや、さらに彼が母親と妹とともに濃密な愛情に満ちた閉鎖的な家族関係をつくったことや、彼が個人的な事柄についてはほとんど何も語らなかったことなども、このような出来事の光のもとで新たな意味をもつことになる。

ゲシュタルト心理学の研究

さて、すでに述べたように一九三〇年の七月に哲学の教授資格《アグレガシオン》を得たメルロ＝ポンティは、この年の一〇月から一年間の兵役についた後、一九三一年の秋から、パリ北方の地方都市ボーヴェの高等中学校《リセ》に哲学教師として赴任した。ここで彼は博士論文のための研究に取りかかり、ゲシュタルト心理学について研究を始めた。ゲシュタルト心理学は、フッサールの現象学とほぼ同じ時期にドイツで現れた心理学の新しい潮流であって、その創始者カール＝シュトゥンプは、ベルクソンの友人であり、またフッサールの先輩として彼を指導したこともある心理学者であった。シュトゥンプは、個々の刺戟《しげき》とそれに対する神経系の個々の反応とを組み合わせて動物や人間の知覚や行動を説明しようとする要素主義的心理学に反対して、むしろ知覚や行動を一つの全体的なまとまりとして捉えることを主張した。ここから彼は、機械論に反対するベルクソンの「生の哲学」に共感を示し、さらに知覚や行動をひとつの意味ある形態《ゲシュタルト》として捉えようとする心理学の学派に道を拓《ひら》いたのであった。

メルロ＝ポンティは一九三三年に「国立学術文庫《ケス・ナシオナール・デ・シアンス》」に対して研究助成金を申請し、この助成金を獲得して一年間「国立科学研究所《サントル・ナシオナール・ド・ルシエルシエ・シアンティーク》」の研究員として研究に従事している。この申請の際に彼が提出した研究計画書は、「知覚の本性に関する研究計画」と題されているが、そのなかで彼は、「神経学と実験心理学と……哲学の現状においては、知覚の問題、とくに自分自身の身体の知覚の問題を捉え直すことが役立つと私にはおもわれる」と述べたうえで、「ドイツにおいて〈ゲシュタルト理論〉の学派によって追求されている実験的な研究」を批判的に検討することを約束している。さらに一年後の一九三四年に彼は研究助成金の支給延長を申請し、「知覚の本性」と題する研究計画書を提出している。そのなかで彼は、「心理学的問題の解決は、知覚の哲学によることなしには完了されない」と指摘したうえで、「フッサールの分析はゲシュタルト心理学と境を接している」と述べて、ゲシュタルト心理学の実証的研究の成果をとくに現象学の観点から批判するという構想を提示している。しかしこの申請は結局認められず、メルロ＝ポンティは一九三四年にパリ南西部の地方都市シャルトルの高等中学校《リセ》に移ったが、その一年後の一九三五年には母校の高等師範学校《エコール・ノルマル・シュペリユール》の復習教師《アグレジエ・レペティトウール》となってパリに戻ることになった。そしてこの申請書で述べられていた研究計画に沿って仕事を続けた彼は、その成果を一九三八年に『行動の構造』という表題の原稿にまとめて完成させた。またこの間に彼は、ロシア生まれの心理学者アロン＝ギュルヴィッチの論文執筆の手助けをしているが、このギュルヴィッチがメルロ＝ポンティの協力を得て一九三六年に発表した「ゲシュタルト心理学の若干の側面と若干の発展」という長い論文は、ゲシュタルト心理学をフランスに初めて体系的に紹介したものであった。

「人民戦線《フロン・ポピュレール》」の結成と崩壊

一九二九年に始まった世界恐慌はやがてフランスにも波及し、経済不況が深まるとともに右翼と左翼の厳しい対立が第三共和制を揺さぶり始めた。とくに一九三三年の末に起きたユダヤ系ロシア人アレクサンドル＝スタヴィスキーによる大規模な詐欺事件は当時のフランスの左翼政権に打撃を与え、翌一九三四年の四月には右翼団体の「アクシオン・フランセーズ」などがパリで大規模なデモをおこなった。すでにドイツでは一九三三年にヒトラーのナチス党が政権を獲得しており、いよいよフランスでもファシズムの脅威が高まってきた。これに危機感をいだいたフランスの左翼は、ファシズムに反対する共同戦線の形成を目ざし、一九三五年になって急進社会党、社会党、共産党のような左翼政党や、「労働総同盟《コンフエデラシオン・ジエネラール・ド・トラヴアーユ》」（CGT）や「統一労働総同盟《コンフエデラシオン・ジエネラール・ド・トラヴアーユ・ユニフイエ》」（CGTU）のような労働組合組織が結集して「人民戦線《フロン・ポピュレール》」を結成した。そしてこの「人民戦線」は一九三六年にレオン＝ブルムを首班とする人民戦線内閣を組織し、社会主義的な綱領にもとづいてフランス社会の改革に着手した。しかし「人民戦線」によるこの改革は中途で挫折し、またこの時期のフランスはスペイン市民戦争においても反ファシズム勢力に対して有効な援助をおこなうことができなかった。こうしてフランスの「人民戦線」は、一九三八年のミュンヘン会談を境にファシズムがヨーロッパ征服を開始するとともに崩壊したのであった。この「人民戦線」についてメルロ＝ポンティは後に次のように回想している。「……〈人民戦線〉は両義の意味をもっていた。……一九三六年の諸改革は曖昧だった。この改革は経営者に対しては革命をふせぐ保障として、大衆に対しては革命の始まりとして提示された。この両天秤《てんびん》はどちらの側に対しても誠実ではなかった。」

マルクス主義の独自な認識

すでに述べたように、メルロ＝ポンティは学生時代にはカトリック系の活動家「タラ」であって、卒業後も当初はカトリックの立場からの社会改革を目ざしていた。すなわち彼は、カトリック系の週刊誌「セット」や、さらにカトリック系の社会主義思想家エマニュエル＝ムーニエが一九三二年に創刊した雑誌「エスプリ」と結びついて活動しており、とくに後者のもとに結集する活動家集団「エスプリの友」に加わっていた。このエスプリ派はマルクス主義の研究を媒介にして社会主義思想を摂取していったが、そのためメルロ＝ポンティもまたこの頃からマルクス主義について研究し始めている。

そしてその後の彼は徐々にカトリック信仰を捨ててマルクスの思想に接近していった。そのきっかけとなったのは、まずアレクサンドル＝コジェーヴがドイツの哲学者ヘーゲル（一七七〇～一八三一）の『精神現象学』についておこなった講義であった。一九三五年にパリに戻ったメルロ＝ポンティは、この亡命ロシア人の哲学者がパリの「高等研究所《エコール・デ・オート・ゼチュード》」でおこなっていたヘーゲル講義を聴講した。一九三三年から三九年にかけておこなわれたこの講義には、メルロ＝ポンティの他にレイモン＝アロン、ジャック＝ラカン（一九〇一～八一）、ジョルジュ＝バタイユ（一八九七～一九六二）といった錚々《そうそう》たる人々が出席していたが、この講義は戦後のフランスにおける新しいマルクス主義思想の生誕の地となった。コジェーヴのこの講義はマルクス主義の立場に立っており、しかも当時の通俗的なマルクス主義によって主張されていたように歴史を決定論的に捉えるのではなく、むしろ人間の主体的な自由をマルクスの思想のうちに見出そうとしていた。ここからフランスの思想家たちは、実存主義とマルクス主義とを綜合した独自なマルクス主義思想を展開したのであって、その後のメルロ＝ポンティの思想はその典型的な例をなしているのである。

メルロ＝ポンティがマルクス主義に接近するさらにもう一つの決定的なきっかけをなしたのは政治的な状況であった。ヨーロッパにおいてファシズムの勝利が明らかになってくるにつれて、ローマ・カトリック教会はますますファシズムと融和するようになり、社会主義に対してますます敵対的になっていった。メルロ＝ポンティは一九三七年の「エスプリの友」の会議にはまだ出席していたが、その後しばらくして雑誌「セット」がローマからの指令によって休刊になると、彼はムーニエやエスプリ派との関係をも完全に清算してしまった。おそらくこの頃に彼は、少なくともしばらくはカトリック信仰を完全に捨ててマルクス主義者となったのである。

共産主義への不信

こうしてマルクス主義者となったメルロ＝ポンティにとっては、共産党との関係をどうするかが重大な問題であった。つまりサルトルの証言によれば、「一九三六年以後は、疑いもなく、彼の悩みの種は〈党〉であった。」そして結局メルロ＝ポンティは共産党には入党しなかった。彼はソ連共産党を至高の知的権威とは見なさなかったし、またソ連共産党に無条件に服従することから「モスクワ教会の長女」と呼ばれたフランス共産党ともつねに一線を画したのであった。サルトルはその理由として、いわゆる「モスクワ裁判」を挙げている。一九三六年から三八年にかけてソ連共産党の幹部が反逆罪に問われて次々と処刑され、メルロ＝ポンティの表現によれば、「レーニンの遺言に登場した第一級の人物の六人のうち、スターリンだけが唯一残っている」という状態となった。サルトルによれば、おそらくはこの悲惨な粛清《しゅくせい》のためにメルロ＝ポンティは共産主義に対して心を開くことができなかったのであって、一九三九年の独ソ不可侵条約も、「ほとんど彼の心を動かさなかった」のである。

さらに、おそらくはポール＝ニザンの運命もまたこの点でメルロ＝ポンティに影響を及ぼしたはずである。メルロ＝ポンティやサルトルと高等師範学校《エコール・ノルマル・シュペリユール》で学友であったポール＝ニザンは一九二九年に共産党に入党し、アンリ＝ルフェーヴルらとともに「マルクス主義評論《ルヴュ・マルキスト》」という雑誌を発行して、マルクス主義と実存主義とを綜合する道を模索していた。しかし彼は一九三九年の独ソ不可侵条約の締結を眼のあたりにして、共産主義に最終的に失望して共産党から脱党し、裏切り者の汚名を着て失意のうちに一九四〇年にダンケルクで戦死した。後にメルロ＝ポンティが論文集『シーニュ』の序文で証言しているように、彼はニザンのこの苦悩と悲劇を身近に見ていたのであった。

そして最後に、最も決定的な理由はやはり哲学的なものであった。すなわち「上空飛行的思考」をつねに批判してきたメルロ＝ポンティは、神のような視点から歴史過程の意味をつねに完全に正しく認識できると主張する公認マルクス主義の立場には全く同意できなかったのである。彼によれば、歴史的な状況はつねに不完全なかたちでしか認識されないのであって、歴史的な出来事の意味はつねに曖昧で両義的であった。時間がたてば、より包括的な展望のもとで歴史過程の意味をこれまでよりも明確に捉えることができるようになるとしても、完全な歴史認識は人間には不可能であった。したがって歴史における人間の行為は、つねに何がしかの賭けであり、失敗するかもしれない冒険であった。メルロ＝ポンティは、歴史をこのようなものとして捉える思想としてマルクス主義を受け入れたのであった。

「抵抗運動《レジスタンス》」の時代

後期フッサール現象学との邂逅

すでに述べたように、第二次世界大戦の暗雲がヨーロッパを覆いつつあった一九三八年に、メルロ＝ポンティは彼の処女作『行動の構造』の原稿を仕上げた。そして彼は、その後半部においてフッサールの現象学にますます頻繁《ひんぱん》に言及するようになっていった。しかし彼はこの本のなかではまだ現象学の方法をはっきりと採用していたわけではなかった。たしかに彼は一方では、意識を世界の外に置いて、「全自然を意識の面前で構成される客体的統一とする」ような主知主義を批判し、他方では、逆に意識を世界のなかの出来事とみなして、「有機体と意識を実在の二つの秩序として……扱う」ような経験主義を批判していた。そして彼はこの二つの立場の二律背反を乗り越えようと努力していた。しかしこの時期の彼は、この第三の道が現象学的な研究方法であるとはっきり認識していたわけではなかったのである。

一九三九年の一月になって、メルロ＝ポンティは、前年の四月に死去したフッサールの追悼号として発行された「国際哲学雑誌《ルヴュ・アンテルナシオナル・ド・フィロソフィー》」を入手した。この雑誌には、フッサールの未刊の草稿の他に、フッサールの弟子であったオイゲン＝フィンクやルートヴィッヒ＝ラントグレーベらの

エドムント＝フッサール

論文が掲載されていて、晩年のフッサールの思想が概観できるようになっていた。そしてメルロ＝ポンティは、この後期フッサールの現象学こそが『行動の構造』のなかで彼が探し求めていたものであることを発見したのであった。こうして彼は、一九三九年からとくに後期フッサールの現象学を本格的に研究し始めたのである。

　一九三八年に死去したフッサールは、自らの現象学を記述した四万ページにのぼる膨大な速記原稿や、彼の弟子たちによって作られた数千ページにのぼる手書き原稿を後に遺した。そしてユダヤ系のこの哲学者の知的な遺産がナチスの迫害や戦争によって失われることを恐れた遺族や弟子たちは、これらの遺稿をドイツの外に避難させることにした。こうしてフッサールの遺稿は一九三八年の一一月までにドイツのフライブルクからベルギーに移送され、ブリュッセルにほど近い地方都市ルーヴァンにあったルーヴァン大学の哲学研究所に保管されて、そこでヴァン＝ブレダ神父の管理のもとで整理され始めた。

　ルーヴァンは一五世紀から一六世紀にかけて、人文主義《ユマニスム》の拠点だった都市であって、そこの僧院はラテン語だけでなくギリシア語やヘブライ語の文献を保存していた。そして人文主義の代表的な思想家であったエラスムス（一四六九〜一五三六）が聖書研究を本格的におこなったのは、このルーヴァンにおいてであった。したがって、ルーヴァンの僧院は、フッサールの遺稿を保存するにあたって、この人文主義の伝統に忠実にしたがったわけである。

メルロ＝ポンティは一九三九年の三月二〇日付の書簡をヴァン＝ブレダに送って、フッサールの未刊の草稿の閲覧を求めた。後にヴァン＝ブレダは次のように回想している。「メルロ＝ポンティこそ、ルーヴァンの人々を別にすれば、未公刊草稿についてわれわれに問い合わせてきた最初の研究者であった。」そして彼は四月一日から七日にかけてルーヴァンに滞在して、フッサールの弟子のオイゲン＝フィンクと会談し、またこの年プラハで出版されたばかりの『経験と判断』や、さらには『純粋現象学および現象学的哲学の構案（イデーン）』の第二巻と第三巻、あるいは『ヨーロッパの学問の危機と先験的現象学』といった後期フッサール晩年の未刊の草稿を閲覧したのであった。こうしてフッサールの現象学を研究した成果が、一九四五年に出版された彼の主著『知覚の現象学』である。この本のなかでメルロ＝ポンティは次のように書いている。「われわれがフッサールのいくつかの未刊資料を参照できたのは、ノエル閣下と、遺

ルーヴァンのフッサール文庫

稿の全部を保管しているルーヴァン高等哲学研究所、そしてとくにヴァン＝ブレダのご好意のおかげである。」

「奇妙な戦争《ドロール・ド・ラ・ゲール》」と「奇妙な敗北《レトランジエ・デフエト》」

しかしメルロ＝ポンティはルーヴァンに足しげく通って研究を続けることはできなかった。なぜならこの年の九月にドイツはポーランドに侵入し、フランスはドイツに宣戦布告して、第二次世界大戦が始まったからである。後に彼は「戦争は起こった」という論文のなかで、この年の夏までのフランス人の生活感情について次のように回想している。「徒歩旅行とユース・ホステルのフランスで、それは大地そのものと同じく自明の存在である、とわれわれは考えていた。われわれは例外的な状況が結合されてできた、平和と経験と自由とが可能となる特定の場所に住んでいたのだが、それが護るべき土地であるなどとは知らなかった。それは人間の自然の分け前であるというふうに考えていた。」しかしこの平和の夢のなかにまどろんでいたフランスは、砲声の響きによってたたき起こされ、歴史の激動のなかに投げ込まれた。メルロ＝ポンティは動員令を受けて八月に陸軍少尉として応召し、歩兵第五連隊に配属された後、軽歩兵第五九師団の司令部に配属された。

しかし先の大戦の時とはうって変わって、当初はほとんど戦闘らしい戦闘はおこなわれなかった。すなわちフランスは、ドイツ国境に配置された防御陣地マジノ線にたてこもって防衛体制をとった他は、ドイツ軍が攻撃をしかけない間はこちらからはいかなる軍事行動もおこなわなかったのであった。はたしてフランスは本気で戦争をおこなう気があるのかどうか、きわめて曖昧であった。このいわゆる「奇妙な戦争《ドロール・ド・ラ・ゲール》」についてメルロ＝ポンティは次のように回想している。「一九三九年から四〇年にかけての冬の間、われわれの兵隊としての状態は、本質的な点においてわれわれの思想に何一つ変化をもたらさなかった。……判断の基準はすべて平和の時代のままであった。」

ようやく一九四〇年の五月一〇日になって、ドイツ軍は一三七個師団の大軍をもって突如「電撃戦《ブリッツ・クリーク》」を開始し、オランダを通過して北フランスに侵入した。そしてフランス軍はほとんど戦わずして敗北した。第一次世界大戦後に戦車や航空機を主体とする機動戦戦術を開発していたドイツ軍に対して、諸外国の動向に眼を向けずに昔ながらの陣地戦戦術に固執していたフランス軍はとうてい太刀打ちできなかった。こうしてフランスは一九二〇年代から三〇年代にかけての知的・文化的な沈滞の高価な代償を支払うことになった。さらにこの敗北は、後に「抵抗運動《レジスタンス》」で戦死した歴史学者マルク＝ブロックの表現によれば「奇妙な敗北《レトランジエ・デフエト》」であった。すなわち左翼の「人民戦線《フロン・ポピュレール》」に反感を抱いていた軍部や政界の保守派は、むしろドイツに早々と降伏してナチスの協力を得てフランスに右翼政権をつくろうとしていたのであった。こうしてフランス軍の大部分は戦わずして敗北し、六月二二日にフランスは降伏して「奇妙な戦争」は終わった。「……捕虜はわれわれだったのだ。」

およそ二二万人の死傷者を出して敗北したフランスは、その国土の北半分と大西洋岸をドイツによって軍事占領され、毎日四億フランの占領費を支払わされることになった。残された約五分の二の地域には、ペタン元帥を首班とするヴィシー政府がドイツの傀儡《かいらい》政権として設立された。そしてこの時からドイツ占領軍とフランス市民との間で全く新しい型の真剣な戦争が始まった。「われわれが本当に戦争に突入したのは四〇年の六月以後である」とメルロ＝ポンティは述懐している。この時からフランスの伝統的なブルジョワ社会の構造が根底から解体し始めた。

サルトルとの再会

フランス軍の武装解除にともなってこの年の九月に除隊になったメルロ＝ポンティは、パリのカルノー高等中学校《リセ》の哲学教授に赴任して、ドイツ軍占領下のパリで生活することになった。そして翌年の一九四一年になって彼は、知識人の抵抗組織「社《ソシ》会主義と自由《アリスム・エ・リベルテ》」に参加して、「抵抗運動《レジスタンス》」をおこなった。しかしこの組織は、この頃に生まれた多くの小さな抵抗組織と同じく、抵抗を呼びかける非合法文書を発行する程度の活動をおこなっただけで解体してしまった。メルロ＝ポンティとともにこの組織に属していたサルトルの回想によれば、「熱狂のうちに生まれたわれわれの小集団は、熱病にかかり、一年後には、何をしてよいのかわからないために死んでしまった。」

しかし、この短命な「社会主義と自由」においてかつての学友サルトルと再会したことは、メルロ＝ポンティの生涯にとって決定的な意味をもつことになった。高等師範学校《エコール・ノルマル・シュペリユール》を卒業した後のサルトルは、ベルリンから帰ったレイモン＝アロンの話に刺激されてフッサールの現象学に興味をもち、一九三三年から三四年にかけて自分もベルリンに留学してフッサールの研究をおこなった。そして彼はこの現象学研究の成果として一九三六年に『想像力』を彼の最初の著書として出版した。メルロ＝ポンティはこの年にサルトルのこの本の書評をおこなっている。そのなかで彼は、自分と似た問題意識によって導かれていたサルトルのこの処女作に対して次のような評価と批判をおこなっている。「J＝P＝サルトルが出版したばかりのこの『想像力』によって、彼のまわりには必ずや、非常に注意ぶかい読者層ができることだろうが、サルトルが常に公平であると言えば、いささか誇張になるだろう。たとえば、『物質と記憶』の〈イマージュ〉にもっと深い意味を見出すこともできるのである。」

このようなわけですでにフッサール現象学という共通の学問的関心によって互いに引きつけられていたメルロ＝ポンティとサルトルは、いまや「抵抗運動《レジスタンス》」の大義によって固い友情と信頼の絆を結ぶに到ったのであった。ただしさきの書評からも窺《うかが》えるように、両者の哲学的立場の相違はすでにその頃から明らかであった。「……各人が、相手のうちでおこなわれている、見覚えのない、時には敵対的な仕事を、自分自身の仕事の思いがけない偏差として把握した……。フッサールがわれわれの間の隔たりともなれば同時に友情ともなった。」サルトルはそう回想している。

抵抗組織が崩壊した後、サルトルは大部な小説『自由への道』と哲学書『存在と無』の執筆に取りかかった。これに対してメルロ＝ポンティは彼

フッサールの草稿をパリへ

の現象学研究の成果を『知覚の現象学』としてまとめる一方で、ルーヴァンのフッサール文庫の草稿をパリに移そうと努力するというかたちで彼なりの仕方で「抵抗運動《レジスタンス》」を続けた。一九四二年にパリを訪れたヴァン＝ブレダと接触した彼は、パリ大学で数理論理学を教えていたジャン＝カバイエスやベトナム生まれの哲学者チャン＝デュク＝タオなどとともにフッサールの草稿をパリに移すという計画に着手した。リーダー格だったカバイエスが「抵抗運動」で逮捕された後は、メルロ＝ポンティがこの計画の中心となった。しかし年輩の教授たちを説得して、彼らからお墨付きをもらって草稿を大学や図書館といった公共の場所に保管するという当初の案は、教授たちがドイツ軍を恐れて尻込みしたために頓座《とんざ》した。そこでメルロ＝ポンティとタオは、「それらを〈これからの世代〉のごく限られたグループに委託するほかはない」と決意して、自分たちで個人的に草稿の保管を引き受けたのであった。こうして一九四四年までにフッサールの大部分の草稿がパリに運ばれて、フランスの研究者によって利用されたのであった。ドイツ哲学の優れた成果を命がけでフランスにもたらそうと努力することが、メルロ＝ポンティの「抵抗運動」の形態であった。第一次世界大戦後にドイツ帝国とオーストリア帝国の廃墟のなかから現れてきた現代思想の重要性に早ばやと注目してきた彼は、それをフランスの思想界に受け入れようと努力してきた。まさにこのことこそ、ド

イツの軍事的侵略に対して彼が抵抗することを可能にしてきた根拠であった。それはちょうど、旧弊なフランス軍のなかにあってドイツ軍の新しい戦術の重要性をいち早く認めていたシャルル＝ド＝ゴール（一八九〇～一九七〇）が、「奇妙な戦争《ドロール・ド・ラ・ゲール》」においてドイツに屈伏することなく、ロンドンに亡命して戦いつづけることができたのと似ていた。

占領下の体験

一九四一年になってドイツがソ連を攻撃するとともに、ドイツ軍の占領地域はヨーロッパ全土に拡大したが、そのなかでもフランスでの占領政策は当初は穏やかなものであった。ナチスがスラヴ民族そのものの抹殺を目ざしていた東ヨーロッパとは異なって、「模範占領」がおこなわれていたフランスでは、「ユダヤ人でも公認のコミュニストでもない者」は、占領政策に逆らわないかぎり、平穏な生活を送ることが許されていた。メルロ＝ポンティによれば、「プラトンもデカルトも、毎土曜午前の国立音楽演劇学校《コンセルヴァトワール》の舞台稽古も彼らに拒まれてはいなかった。」しかし、東ヨーロッパの人々やユダヤ人には戦って殺されるかそのまま座して殺されるかの選択しか残されなかったのに対して、フランス人はそれとは異なった実存主義的な状況に直面させられた。つまりフランス人は、日常の細かな雑事のなかで些細《ささい》な行為を選択する際にも、つねにそれが「対独協力《コルボラシオン》」を意味したり、「抵抗運動《レジスタンス》」を意味したりしうるということを意識せざるを得なくなった。しかも、やっかいなことには、行為者がおこなった決定の意味がその時点では明瞭ではなく、ようやく後になって明らかになってきた場合でも、行為者は彼の行為の政治的な責任を取らねばならなくなった。「われわれはただたんにわれわれの意図とか、われわれの行為がわれわれに対してもつ意味とかではなく、これらの行為が外部にもたらす結果とか、ある歴史的な状況《コンテクスト》のなかで帯びる意味とかをもわれわれのものと見なし、それを引き受けるようにと仕向けられた」とメルロ＝ポンティは回想している。そして彼のこのような観点からみれば、「非難の余地なき行動というものは存在しなかった。フランスに留まることによってわれわれはみな幾分か共犯者となったのであり」、占領下のフランスで生活するというだけで、歴史の流れにいやおうなく巻き込まれ、自ら知らぬ間に「対独協力《コルボラシオン》」をおこなっていったのである。

こうしてメルロ＝ポンティは、占領の経験から次のことを学んだ。すなわち人間は決断の際には自分自身の行為の意味を明確に把握していないのであって、したがって人間は多かれ少なかれ夢遊病者のように知らず知らずのうちに歴史をつくっていくのであった。さらに、ちょうど彼自身が母親の不義の結果を自らの状況として引き受けねばならなかったように、一般に人間は自分ではどうしようもない歴史的状況を引き受けて、そのなかで決断し行為せねばならないのであって、その意味では自由というものはつねに制限されたものであった。このような経験を彼は『知覚の現象学』のなかに織り込んでいった。そしてそれは、この時期のサルトルが得た歴史的な経験とは対照的なものであった。なぜならサルトルによれば、人間はどんな状況のもとでもつねにそのつど「対独協力」か抵抗かの選択を絶対的に自由におこなうことができるのであって、その意味において人間は本質的に自由なのであった。そしてサルトルはこのような経験を一九四五年の『自由への道』のなかに織り込んでいったのである。

「抵抗運動《レジスタンス》」の勝利

ド＝ゴール将軍が一九四〇年に創設した「自由フランス《フランス・リブル》」軍が海外で対独戦争を本格的に開始するとともに、フランス国内でも一九四一年から「抵抗運動《レジスタンス》」が活発化してきた。とくに、この年六月の独ソ開戦まではこの戦争を帝国主義戦争と見なしてフランスの敗北にもあまり関心を寄せなかったフランス共産党は、モスクワが攻撃されるに及んで、その強固な党組織を「抵抗運動」のために回転させはじめた。ドイツ軍の銃殺や拷問によって多くのフランス人が死に、これに対して抵抗側はドイツ兵へのゲリラ攻撃や対独協力者へのテロで応酬するという凄惨《せいさん》な戦いが繰り広げられた。一九四三年になるとフランス国内の多くの抵抗組織は「全国《コンセイユ・ナシ》抵抗評議会《オナール・ド・ラ・レジスタンス》」（ＣＮＲ）に統一され、さらに「義勇兵パルチザン《フラン・ティレール・エ・パルチザン》」（ＦＴＰ）などの地下軍事組織は「フランス国内軍《フォルス・フランセーズ・アンテリユール》」（ＦＦＩ）に統一されて、ドイツ軍と本格的な戦闘を展開した。ドイツ軍に対するこのような「抵抗運動」においてはフランス共産党を中心とする左翼勢力が多数派を占めていたので、「抵抗運動」は社会主義革命の様相を帯びていった。そして一九四四年に「全国抵抗評議会」が採択したレジスタンス綱領は、大規模な生産手段の私的所有を廃止して計画経済を導入することを目ざしていた。メルロ＝ポンティの言うように、「ブルジョワジーによって放棄された国家という遺産をプロレタリアートが自分の責任で引き受けるような」事態になっていた。フランスの解放はそのままフランスの社会主義化につながるようにおもわれた。

一九四四年八月二五日にパリが解放されて、一九四五年に「抵抗運動《レジスタンス》」はナチス・ドイツに対して最終的に勝利した。ドイツ軍と戦ってきたフランス人は、この時に大きな感激をもって戦いの日々を振り返った。「あの四年間の、熱病のようなあの夏のイメージ」とメルロ＝ポンティは述べている。そして勇気に満ちた犠牲的行為が日常茶飯事だった戦いの日々のなかで、人々は固い友情によって互いに結ばれた。メルロ＝ポンティの言うように、「レジスタンスのなかでは統一は容易だった。なぜなら関係といえばいつでも人間と人間との関係だったからである。」

「レ・タン・モデルヌ」の時代

『知覚の現象学』の発表

第二次世界大戦が終結した一九四五年は、メルロ＝ポンティにとっても特別な年であった。この年に彼は主著『知覚の現象学』を出版した。そして彼は、すでに一九四二年に出版されていた『行動の構造』とともにこの『知覚の現象学』を博士論文として提出して学位を得た。この『知覚の現象学』は、学会において高く評価され、また多くの議論を巻き起こした。それは、彼が翌一九四六年にフランス哲学会で「知覚の優位性とその哲学的帰結」と題する講演をおこない、さらに討論のなかで自らの哲学を詳しく説明していることからも窺うことができる。彼は一躍フランス思想界を代表する人物の一人になったのだった。すでに述べたように、彼は戦争中はパリのカルノー高等中学校《リセ》で教えていたが、一九四五年の一月に「フィガロ」誌の特派員として渡米したサルトルの後任としてパリのコンドルセ高等中学校の高等師範《エコール・ノルマル・シュペリユール》学校受験級をしばらく教えた。そして彼は、さらにこの年の一〇月にはリヨン大学の専任講師となった。

メルロ＝ポンティはパリ解放の頃から仲間たちとともに新しい雑誌の出版を準備してきたが、その雑誌は「レ・タン・モデルヌ」という名称のもとに一九四五年の一〇月に創刊された。その編集部にはメルロ＝ポンティの他にサルトル、ボーヴォワール、レイモン＝アロン、アルベール＝カミユ（一九一三〜六〇）などがいた。彼らは自分たちのこの新しい雑誌がチャップリンの映画『モダン・タイムス』と同じ名前をもっていることを面白がったが、そこにはフランスもようやく停滞を脱して世界史の現代《タン・モデルヌ》に追いついたという歴史認識が示されていた。

実存主義の席捲

この雑誌の中心人物は圧倒的にサルトルであった。そして社会的にはこの雑誌はサルトルの主宰するサルトルの雑誌だと見なされていた。サルトルはすでに戦争中から『蠅』や『出口なし』といった戯曲によって有名になっていたが、この年には小説『自由への道』や講演「実存主義はヒューマニズムか」などによって爆発的な人気を得て、映画スターなみの有名人になった。彼の講演会には聴衆が殺到し、混雑と興奮のあまり気絶する女性が続出した。サルトルと彼の仲間たちの思想は一般に実存主義と呼ばれたが、この実存主義は戦後のフランスの思想界を席捲《せっけん》した。戦争のなかで伝統的な社会秩序が崩壊していくにつれて、フランス人の生活を規定してきた伝統的な道徳《モラル》もまた力を失い、一種の価値観の空白状態が生じていた。そのような状況のなかで、人間の絶対的な自由を説き、さらに人間は自らの自由な行為に全面的に責任を負うべきだと説くサルトルの思想は、時代の風潮に合致していた。実存主義はたんに知識人の合い言葉になったばかりでなく、パリの地下鉄のサン・ジェルマン・デ・プレ駅周辺の地区を中心とした当時の若者文化にも影響を与えていた。戦争直後のフランスはサルトルと実存主義に沸き立っており、「レ・タン・モデルヌ」誌はその渦巻の中心であった。

「抵抗運動《レジスタンス》」の解体と「レ・タン・モデルヌ」の危機

「レ・タン・モデルヌ」誌におけるメルロ＝ポンティの活動は、サルトルに比較すれば地味で目立たないものだったが、しかしこの雑誌にとって決定的に重要なものであった。すでに述べたように、「抵抗運動《レジスタンス》」を支えてきた左翼勢力はドイツに対する勝利をそのまま社会主義革命に転化させようとしていた。これに対して、ノルマンディーや南フランスから上陸してきたド＝ゴール派や米英軍はフランスの社会主義化を断固として阻止しようとしていた。したがってパリ解放後につくられたド＝ゴールの臨時政府と、国内で戦ってきた左翼の抵抗組織との間にはすぐに鋭い対立が生じた。特に対独協力者を容赦なく摘発し、人民裁判によっておよそ一万人を処刑したといわれる共産党系の武装組織「愛国衛兵《ギャルド・パトリオチック》」の武装解除をめぐって、共産党とド＝ゴール派

ジャン＝ポール＝サルトル

との関係は、一九四四年の一一月には内戦の一歩手前まで悪化した。この時には、フランス問題でアメリカとの衝突を避けようとするソ連の意向を受けてモスクワから帰国したフランス共産党書記長モーリス＝トレーズが党内を説得して、共産党はしぶしぶド＝ゴールの政府に協力していくことになった。こうしてナチス・ドイツという共通の敵を失った「抵抗運動《レジスタンス》」は急速に解体していった。

そして「抵抗運動」における幅広い連帯に依拠してきた「レ・タン・モデルヌ」の編集部もまた一九四六年になると分裂し、レイモン＝アロン、アルベール＝オリヴィエ、ジャン＝ポーランが編集部から去った。「レ・タン・モデルヌ」が危機に陥ったこの時期にメルロ＝ポンティは、「真理のために」という綱領的な論文をこの雑誌に発表して、その政治的方向を決定するとともに、この雑誌を救ったのであった。彼は、その当時のサルトルとは比較にならぬほどマルクス主義思想に通じており、またフランスの政治的状況について精緻な分析を展開することができたのであった。「われわれには経験が欠けていたから、メルロは雑誌を自ら引き受けることによってそれを救った。彼は編集長兼政治的指導者となった」とサルトルは回想している。

苦渋に満ちた共産主義擁護

メルロ＝ポンティが「レ・タン・モデルヌ」に与えた政治的方向とは、当面は共産党の平和路線を支持し、議会を通じてレジスタンス綱領を平和裡に実行していこうと努力することであった。一九四六年に発足した第四共和制のもとでの初の総選挙では、共産党が五〇〇万票を獲得して第一党となり、共産党、社会党、それにド＝ゴール派の「人民共和運動《ムーヴマン・レプブリカン・》（ＭＲＰ《ポピュレール》）」の三党の連立によるいわゆる「三党政治《トリパルティスム》」がおこなわれていた。しかし東西の冷戦が厳しさを増してくるにつれて、ソ連に忠実なフランス共産党は徐々に孤立化しはじめ、一九四七年には共産党は政府から排除されてしまった。しかし「抵抗運動《レジスタンス》」のなかで主要な役割を果たし、そのことによってフランス国民から大きな支持を受けていた共産党と、「抵抗運動」を担ってきたその他の諸勢力とが分裂するならば、レジスタンス綱領に沿ってフランスを社会主義化することは不可能であった。そのためには左翼が結集することが必要であり、とくに共産党が排除されないことが必要であった。そしてメルロ＝ポンティは「レ・タン・モデルヌ」にそのための媒介の役目を果たさせようとしていたのである。そして彼のこのような政治的方向は、多かれ少なかれ「抵抗運動」に加わった知識人たち一般の望みに沿ったものであった。メルロ＝ポンティによれば、「レジスタンスの経験は彼らにとってはかけがえのない経験となり、彼らはその精神をフランスの新しい政治のなかで保持しようとした」のである。こうして結局メルロ＝ポンティが目ざしたのは、一九三〇年代の「人民戦線《フロン・ポピュレール》」に似た政治潮流を戦後のフランスに実現することによって、レジスタンス綱領を実行していくことであった。

このような展望のもとで彼は、一九四六年からしばらくは共産主義と共産党に対する右からの批判に対してこれを擁護する論陣を張った。一九三八年のモスクワ裁判を題材にして共産主義の暗黒面を描いたアーサー＝ケストラーの小説『零《ゼロ》と無限』は、当時の反共宣伝の恰好の題材であったが、彼はこの本を解釈し直すことによって当時の共産主義批判の誤りを明らかにしようとした。この問題について「レ・タン・モデルヌ」に掲載された彼の一連の論文は、一九四七年に『ヒューマニズムとテロル』という表題の著作にまとめられた。この本は激しい批判と論争を呼び起こし、とくに「抵抗運動《レジスタンス》」の仲間で一九五七年にノーベル文学賞を受けた作家のアルベール＝カミユは、この件で作家のボリス＝ヴィアンの家でメルロ＝ポンティと大喧嘩となり、彼と絶縁してしまった。そしてソ連における共産党の一党独裁体制の真相が徐々に明らかになってくるにつれて、メルロ＝ポンティにとってこのような共産主義擁護はますます困難となり、彼の政治論文はますます苦渋に満ちたものとなっていった。しかも東西の冷戦が決定的なものになるにつれて、共産党は、自分たちに好意を寄せながら遠慮会釈ない批判もおこなう同伴知識人たちを容赦なく攻撃するようになり、メルロ＝ポンティは共産党からも厳しく批判されるようになった。サルトルによれば、「……一九四九年以後は、……党外の友人は批判的共感を口に出さぬよう頼まれた。彼らの一人が公然とその心の中に溜っているものをさらけ出すと、党の連中はついに彼が敵に変わってしまうまで嫌がらせをするのであった。」

サルトルとの衝突

一九五〇年の六月になって朝鮮戦争が勃発し、東西の冷戦は最高潮に達した。ソ連の同盟国であった北朝鮮が先に仕かけたと見なされた熱い戦争がいよいよアジアで始まったことによって、ヨーロッパでも戦争の不安が一気に高まった。当時は東西ドイツ国境で世界最大の軍事力が睨《にら》み合っており、ヨーロッパは核戦争の影に脅やかされていた。東ドイツの国境から五〇〇キロほどしか離れていないパリは、いざとなれば世界最強のソ連軍機甲師団によってわずか数日で蹂躙《じゅうりん》されてしまうだろうとフランス人は恐れていた。その当時のフランス人はパニックに襲われ、ある者は集団自殺を考えたり、ある者は飛行機でアメリカに脱出することを考えたり、ある者はソ連軍を相手にふたたび地下活動に入ることを考えたりした、とサルトルは回想している。そしてサルトルによれば、メルロ＝ポンティもまた亡命について想像したという。「彼はニューヨークでエレヴェーター・ボーイになると言うのだ。気の重くなる冗談だった。そいつは自殺の別の表現だったから。」サルトルはこう述懐《じゅっかい》している。

そしてこの時、共産党と共産主義に対してメルロ＝ポンティが寄せてきた期待は最終的に崩れ去った。「抵抗運動《レジスタンス》」を担ってきた諸勢力が共産党を中心に結束して戦後のフランスを社会主義化することを彼は期待してきたが、このことは、フランス共産党の後見人であるソ連が世界を核戦争の破局へと追いやらないだけの理性と良識をそなえているということが条件となっていた。しかしソ連の同盟国である北朝鮮が先に戦争を仕かけたことによって、この条件は失われたのであった。モスクワ裁判や、ソ連における強制収容所《ラーゲリ》の存在や、特権階級としての赤い貴族《ノーメンクラツーラ》の存在などについて何とか我慢してきたことも、いまは無駄になった、と彼にはおもわれた。

一九五〇年八月のある日、この問題についてサルトルはメルロ＝ポンティと一日中議論した。そこでメルロ＝ポンティは、彼の政治的な判断が決定的に誤っていたことを認めた。「抵抗運動《レジスタンス》」の遺産を戦後のフランスにおいて継承していくことはできないということが今ようやく明らかになったのだった。サルトルは次のように回想している。「彼はしずかに繰り返した。〝われわれはもはやただ沈黙を守るべきだ。〟……〝誰が、われわれがかい。〟……〝そうさ、われわれさ。「レ・タン・モデルヌ」誌がさ〟。」

こうしてメルロ＝ポンティは「レ・タン・モデルヌ」誌において政治問題に関して完全に沈黙してしまった。そしてこの雑誌の政治的立場を決定し理論的に説明してきたのは彼であったから、「レ・タン・モデルヌ」は方向感覚を失ってしまった。やがて読者からの問い合わせに耐えられなくなって、結局「レ・タン・モデルヌ」は、かつてメルロ＝ポンティがこの雑誌に与えた政治方針をそのまま踏襲《とうしゅう》することになった。「要するに共産党の実際の政治に与《くみ》すること」という一九四六年のメルロ＝ポンティの政治的な託宣に、この雑誌はあくまでも忠実にしたがうことにしたのであった。その結果メルロ＝ポンティは、サルトルやその他の編集部メンバーと決定的に対立することになった。「私は彼の仕事を続行しているのだと主張し、彼は私がそれを台なしにしていると言って非難した」

とサルトルは回想している。ただしメルロ＝ポンティがサルトルと決定的に仲違いして「レ・タン・モデルヌ」誌を去ったのは、さらに二年後の一九五二年になってからであった。

対照的な人物像

一九四〇年代から五〇年代にかけてフランス思想界を支配した実存主義の二人の代表者はこうして離れればなれになった。それは、「抵抗運動《レジスタンス》」の政治的な推進力が使いはたされたという状況の反映であった。全く対照的な個性をもったこの二人の思想家をこれまで結びつけてきた「抵抗運動」の絆が切れたのであった。

実際、この二人の思想家は対照的な人物像を表している。すでに述べたように、メルロ＝ポンティは学生時代に僧院にこもって聖体拝領《コミュニオン》を受けたように伝統に対して敬意を払っていたが、サルトルは学生時代から徹底的な伝統破壊者であって、よく大酒を飲んではドンチャン騒ぎをし、学園祭には全裸で現れたりした。メルロ＝ポンティはつねに礼儀正しく身だしなみもきちんとしていて、成功した実業家のような風貌をしていたのに対して、サルトルのほうは服装には無頓着であって、態度もあけすけで大胆であった。ボーヴォワールの回想によれば、メルロ＝ポンティはかなり美男子で美しい眼差しをしていたのに対して、やぶにらみのサルトルは自分のことをいつも醜男だと言っていた。メルロ＝ポンティは結婚以外に男女が性的な関係をもつことに反対していたが、サルトルのほうは無類の女好きであって、若い頃はパリのリュクサンブール公園の木の繁みのなかに女性を引き入れて関係を結ぶ練習をしていたし、ボーヴォワールとも結婚はせず、互いに全く拘束しない自由な愛人関係を続けた。メルロ＝ポンティは高等中学校《リセ》の教師からコレージュ・ド・フランスの教授まで学者の道を地道に歩み、また精神科医である妻のスザンヌ＝メルロ＝ポンティとの間に一女をもうけて落ち着いた家庭生活を送ったのに対して、サルトルの方は自由気ままな文筆業で生計を立て、家族ももたず、家ももたず、ホテルやレストランやカフェを転々として生活した。メルロ＝ポンティは、哲学研究の時間をさいて「レ・タン・モデルヌ」の編集の裏方となって、原稿選び、ゲラの校正、出版社や印刷所との交渉などの実務をすべて一手に引き受けたが、サルトルの方はつねに表舞台にあって、フランス知識人の指導者として戯曲、小説、哲学書、時事評論とあらゆる分野で目まぐるしく活躍した。そして最後に、メルロ＝ポンティは、かつての恋人ボーヴォワールや、ザザと別れた後の恋人マルチーヌをいずれもサルトルに奪われたように、雑誌「レ・タン・モデルヌ」もまたサルトルに奪われたと言えるのかもしれない。ただし哲学者であったメルロ＝ポンティは、一九五五年に発表した政治論文集『弁証法の冒険』のなかで、自分とサルトルとの間の行き違いをあくまでも哲学的な立場の相違として説明したのであった。

「レクスプレス」の時代

哲学的思索の変化

雑誌編集と政治参加《アンガジュマン》に時間をさかれながらも、メルロ＝ポンティは『知覚の現象学』で展開された哲学的思索をさらに推し進めていった。一九四五年にリヨン大学に赴任してからのメルロ＝ポンティは言語の問題に興味を寄せ、とくにスイスの言語学者フェルディナン＝モンジャン＝ド＝ソシュール（一八五七〜一九一三）の言語学を集中的に研究した。現代言語学の創始者とされるソシュールは記号《シーニュ》と意味《シニフィカシオン》に関する独創的な理論を提示したが、メルロ＝ポンティはこのソシュールの言語理論のなかに、ゲシュタルト心理学やフッサール現象学とならんで自らの哲学思想を表現するための恰好の材料を見出したのであった。この言語学研究の成果は、一九五二年の論文「間接的言語と沈黙の声」や一九五一年の講演「言語の現象学について」などに示されている。また彼は、サルトルが一九四七年に出版したエッセー『文学とは何か』に刺激されて、このような言語学研究をふまえて文学と芸術と言語についての包括的な哲学的著作を書くことを計画した。しかし『世界の散文』という標題のもとに原稿を書き始めていた彼は、一九五二年になってこの計画を中断し、結局この『世界の散文』は未完に終わった。

一九四九年になるとメルロ＝ポンティはパリ大学に文学部教授として招かれ、そこで心理学と教育学の講座を担当した。ここでは彼は、アンリ＝ワロンなどの心理学研究の成果を検討しながら自らの哲学的思索をさらに展開し、またとくにフロイト派の精神分析学者ジャック＝ラカンの鏡像の理論を詳しく研究した。ゲシュタルト心理学やフッサール現象学とほぼ同じ時期にウィーンでジークムント＝フロイト（一八五六～一九三九）によって創始された精神分析学もまた、早くからメルロ＝ポンティの興味を引いており、『知覚の現象学』のなかでもフロイトについて詳しい議論がなされていた。そして彼は、かつてA＝コジェーヴのヘーゲル講義を一緒に聴講し、その後はフランスにおけるフロイト学派の第一人者となったラカンの研究をずっと追跡していたのであった。このラカンの鏡像の理論は後期のメルロ＝ポンティの思想の一つの基礎となっていった。

一九五二年になってメルロ＝ポンティはコレージュ・ド・フランスの教授に就任した。この大学は所属学生というものをもたず、誰でもその教室に行って自由に聴講できるという、いわば完全に開かれた大学であって、一六世紀の初めにフランソワ一世が創設した「王立教授団」から発展したものであった。一三世紀にロベール＝ド＝ソルボンによって創設されたパリ神学校は一九世紀初頭にパリ大学に改組されて現在に到っているが、ソルボンヌの愛称をもつこのパリ神学校に対抗して、近代の人文主義《ユマニスム》の拠点となったのがコレージュ・ド・フランスであって、その学問水準は、高等《エコール・ノ》師範学校《ルマル・シュペリュール》を初めとする高等専門学校《グラン・ゼコール》のなかでも最高とされていた。こうしてメルロ＝ポンティは、アンリ＝ベルクソンやエドワール＝ル＝ロアやルイ＝ラヴェルといった哲学者によって占められてきたフランスの哲学教授の最高の地位に登りつめたのであった。専門の哲学研究者やソルボンヌの学生や行きずりの外国人旅行者やたんなる見物人や同僚の教授などが毎週入れ替わり立ち替わりする教室で、彼は生涯の終わりまで講義することになった。このコレージュ・ド・フランスでの彼の就任講演は「哲学をたたえて」という表題で一九五三年の一月一五日におこなわれた。そのなかで彼は自分自身の哲学を、「歴史の真只中にいる」哲学として、あるいは「完成したもののなかでは退屈してしまう」哲学として特徴づけている。この就任講演はこの年に単行本として出版されたが、その本は彼の母親に捧げられていた。

自然哲学と存在論への移行

コレージュ・ド・フランス時代のメルロ＝ポンティは、言語に関する研究をさらに続けながら、やがて研究の重点を自然哲学と存在論の方へ移していった。彼は一九五二年にコレージュ・ド・フランスの教授に立候補するにあたって、推薦者のマルシャル＝ゲルーに資格審査のための資料として覚え書を手渡したが、そのなかで彼はこれまでの研究を総括し、さらに今後の研究計画を提示している。そこで彼は次のように述べている。「われわれは最初の二つの著作（『行動の構造』と『知覚の現象学』）において、知覚の世界を再構成しようと試みた。われわれは目下準備しつつある諸著作においては、われわれを最初に真理に導いてくれた知覚を、他者とのコミュニケーションや思考がいかにして採りあげ直し乗り越えるかを示したいと思っている。」そして、彼がこれから取り組もうとしている本が三冊挙げられている。まず知覚から現れてきた意味が言語によって表現されて客観的な真理として伝達されるようになる過程を扱うものとして『真理の起源』という著作が予定された。次に、文学と芸術が新しい意味を創造して伝達する過程を研究するという角度からこの同じ問題を扱うものとして『世界の散文』がふたたび取り挙げられ、最後に、「われわれのもっと後の研究対象となるであろう人間と人間との諸関係という一般的問題」を扱うものとして『超越論的人間』という著作が予告された。

こうして彼はまず『真理の起源』という著作を目ざして研究を進めていったが、そのうちに一九五四年ごろから彼の関心は古代ギリシアの哲学者プラトン（前四二七～前三四七）やパルメニデス（前五四〇？～前四八〇？）の存在論や一九世紀ドイツの哲学者シェリング（一七七五～一八五四）の自然哲学に向けられていった。こうして彼は、これまでのゲシュタルト心理学、フッサール現象学、マルクスの歴史理論、フロイトの精神分析学、ソシュールの言語学などの研究成果をすべて組み込んだうえで、シェリングの自然哲学に類似した独特の存在論を構築していった。その成果として彼は、『真理の起源』という表題から『見えるものと見えないもの』という表題に変更された著作を一九五九年から執筆していたが、これが彼の遺作となった。

母の死

「レ・タン・モデルヌ」誌において政治的な挫折を経験したメルロ＝ポンティは、一九五三年に個人的な事柄でさらなる打撃を受けた。すなわち彼は母を失ったのである。ほとんど一人で彼を育ててくれた母親は、彼にとって真にかけがえのない存在であった。彼女こそは、あの至福の少年時代の名残りであり、彼を自然へと繋ぐ臍《へそ》の緒であり、彼を支える大地であり、彼を乗せている「原方舟（Ur-Arche）」であった。また、ザザの一件で自分と妹が母の不倫の結晶であることを知った彼は、この出生の秘密を母とわかち合うことによって彼女とますます深く結びついていった。サルトルによれば、母親の死後しばらくしてボーヴォワールに会った際にメルロ＝ポンティは、「……誇張もなしに、……〝僕は半ば以上死んでいるよ〟」と彼女に告げたという。そしてこの時から彼は完全に世間から身を引いてしまった、とサルトルは回想している。「沈黙だけでは足りず、彼は世捨て人になり、コレージュ・ド・フランスに行くためのほかは書斎をはなれることもなかった。……彼の最もしたしい友人たちでさえ前ほど彼に会わなかった。」

マンデス＝フランスへの支援

しかしメルロ＝ポンティは、サルトルの言うように完全に世捨て人になってしまったわけではなかった。「レ・タン・モデルヌ」と絶縁した彼は、「……共産党の実際の政治に与《くみ》する」という一九四七年の彼の政治綱領とは違ったかたちで「人民戦線《フロン・ポピュレール》」の伝統を復活させることを目ざすようになった。すなわち彼はピエール＝マンデス＝フラ

マンデス＝フランス

ンス（一九〇七〜一九八二）の政治に肩入れして、マンデス＝フランスの友人セルヴァン＝シレイベルが編集していた雑誌「レクスプレス」に一九五四年から頻繁に論文を発表するようになった。マンデス＝フランスはもともと急進社会党の左派に属していた政治家で、一九三八年のレオン＝ブルムの第二次人民戦線内閣では政務次官を務め、一九四〇年の敗戦の際にはドイツに降伏することをあくまでも拒否して客船マッシリア号でカサブランカに向かい、その後ド＝ゴールの臨時政府で経済相を務めた人物であった。

一九四七年に共産党が政権から排除されてから、フランスは急速に西側陣営に組み込まれていった。「三党政治《トリパルティスム》」の時代にジャン＝モネによって作られた社会主義的な経済復興計画はやがてアメリカのマーシャル・プランのなかに組み込まれていった。フランスの社会主義化を目ざしたレジスタンス綱領は実質的に反古《ほご》とされ、戦後のフランスはアメリカの経済援助のもとで資本主義的なかたちで経済復興と工業化をおこなうことになった。こうして現代的な産業国家へと変身しつつあったフランスにとって残された課題は、植民地という遺産をいかに処理するかということであった。一九四七年以来フランスは、軍部に引きずられてインドシナで植民地を維持するための「汚い戦争」に巻き込まれていた。そして一九五四年にはディエン・ビエン・フーのフランス軍陣地は陥落し、フランスの敗北はすでに明白になっていた。インドシナ戦争のこの泥沼からフランスを救い出すという使命を託されたのがマンデス＝フランスであった。

この年に政権を担当したマンデス＝フランスは、巧みに議会工作をおこないながら精力的に活動してこの年のうちにインドシナ休戦協定を成立させ、フランスをこのアジアの戦争から切り離すことに成功した。メルロ＝ポンティは「レクスプレス」誌における評論活動を通じてマンデス＝フランスを支援したが、それは一つには、マンデス＝フランスの政治手法が硬直した理論にもとづくものではなくて、むしろ生物の知覚や行動のように曖昧な状況にそのつど柔軟に対応するものだったからであった。この点についてメルロ＝ポンティは次のように述べている。「マンデス＝フランス政府が……フランスの政治を不安と倦怠から引き出すことができたのは、彼が政府というものを……積極的な活動として考え、行動というものを運動として——……国民との対話の場を自分でつくり出し、自らの教育法を編み出し、発展するにつれて証明していく運動として——考えていたからです。……彼は自分の実践を理論に変えようとは決してしなかった。問題は、この自由の実践を慣習のうちに定着させる制度を見つけ出すことなのです。」

サルトルとの和解

しかし、次にやってきたアルジェリア植民地の独立問題をめぐって、マンデス＝フランスの政府は行き詰まってしまった。一九五四年からアルジェリアでは「民族解放戦線《フロン・ド・リベラシオン・ナシオナール》」（FLN）が独立を求めて解放闘争を展開していた。しかしアルジェリアはインドシナよりもはるかにフランスとの関係が深く、それだけにアルジェリアに経済的利権をもつ企業や植民者《コロン》や右翼や軍部は独立に対して強硬に反対した。マンデス＝フランスはアルジェリアの独立を認める方向で和平を模索していたが、議会で不信任を受けて失脚した。その後一九五六年にマンデス＝フランスの率いる急進社会党左派は、ミッテランの率いる「民主社会主義抗戦同盟《ユニオン・デモクラティク・エ・ソシアリスト・ド・ラ・レジスタンス》」（UDSR）や社会党やド＝ゴール左派と組んで「共和戦線《フロン・レプブリク》」を結成し、アルジェリア問題の平和的解決を目ざす内閣をもう一度組織した。しかしこのギ＝モレ内閣はやがてアルジェリアでの弾圧強化政策に乗り出し、これには共産党も賛成した。副首相だったマンデス＝フランスはこれに抗議して辞任した。そしてアルジェリアではフランス軍とFLNが、かつてのドイツ軍と「抵抗運動《レジスタンス》」との間でおこなわれたような血みどろの闘争をますます激化させていった。

こうしてフランスでは、社会党や共産党も含めてほとんどすべての勢力がアルジェリアでの武力弾圧を支持することになった。このような状況のもとで、メルロ＝ポンティは一九五六年になるとサルトルと和解することになった。それは一つには、メルロ＝ポンティが一九五五年の『弁証法の冒険』において自分とサルトルとの哲学的な立場の違いをはっきりさせたことによって胸のつかえをおろしてすっきりしたためであるが、もっと重要な理由は、二人の政治的な立場がふたたび一致してきたからであった。すなわちメルロ＝ポンティはマンデス＝フランスとともにフランスのアルジェリアに対する弾圧政策に反対し、そのためにレジオン・ドヌール勲章をギ＝モレの政府に突き返していたが、サルトルもまたフランスのアルジェリア政策に強く反対し、アルジェリアの独立を求めて精力的に活動し始めていた。さらに一九五六年に勃発したハンガリー動乱を機に、結局サルトルもまたメルロ＝ポンティの後を追ってソ連および共産主義と絶縁したのであった。

こうしてメルロ＝ポンティとサルトルは、かつての「抵抗運動《レジスタンス》」の時のように、自分たちが同じ政治的な位置にいるのを発見して、ふたたび手を組んだのであった。この年の三月にイタリアのヴェネチアで開催された「ヨーロッパ文化協会」の大会で彼らは和解した。サルトルはその時のことを嬉しそうに次のように書いている。「席につくと、私はとなりの椅子が空いているのに気づいた。身を乗り出してみると、名標の上にメルロの名前が見えた。私は上の空でメルロ＝ポンティを待っていた……彼はやってきた。いつものように遅れて。……彼は爪先立ちで私のうしろに回り、軽く私の肩にふれ、そして私が振り向くと、ほほえんだ。」そしてこの年からサルトルもまた「レクスプレス」誌に寄稿し始めた。

アルジェリア問題をめぐって

アルジェリア戦争がいよいよ凄惨な様相を深めてくるにつれて、一九五八年になるとアルジェリアのフランス現地軍が反乱を起こし、フランス第四共和制は崩壊の危機に頻した。一九四六年以来政界から引退していたシャルル＝ド＝ゴールが、このフランスの難局を打開するために内閣を組織した。そして彼は、大統領府の権限を大幅に強化した新憲法草案を国民投票にかけた。ド＝ゴールの目ざす新しい国家体制はフランスに軍事独裁制をもたらす恐れがあると判断したメルロ＝ポンティは、サルトルなどとともにこれに反対する論陣を張った。そして彼は一九五九年には、マンデス＝フランスや、さらにアルジェリア問題で社会党を脱退したミシェル＝ロカールらとともに統一社会党《パルチ・ソシアリスト・ユニフィエ》（ＰＳＵ）の結成に参加して、その発起人の一人になっている。

ド＝ゴール

ただしメルロ＝ポンティはド＝ゴール主義の両義的な性格に注目していた。すなわち彼は「一九五八年五月一三日について」という論説のなかで、ド＝ゴールの新しい体制が独裁主義をもたらす危険があると指摘する一方で、ド＝ゴールが結局はマンデス＝フランスと同じ方向でアルジェリア問題を解決するだろうとの見通しを示している。そして国民投票で信任を得て第五共和制を発足させてその初代の大統領となったド＝ゴールは、メルロ＝ポンティの予言どおり、一九五九年になるとアルジェリア民族自決政策を発表し、現地軍や植民者《コロン》の激しい抵抗を排除しながら、アルジェリア独立に向けてフランス人を導いていった。

この頃サルトルはアルジェリア問題できわめて尖鋭な立場をとるに到った。すなわちサルトルの弟子で、「レ・タン・モデルヌ」の編集に参加していたフランシス＝ジャンソンは、ＦＬＮを支援してフランス軍兵士の脱走を援助する地下組織「ジャンソン機関」をつくって活動していたが、サルトルはこの非合法活動を公然と支持した。そして彼は、「ジャンソン機関」のメンバーが一九六〇年に逮捕されてからは、その裁判を支援して奔走した。そのために彼は警察の事情聴取を受け、さらに右翼からは命を狙われるようになった。

過ぎた日への沈潜

このように活動するサルトルには「闘う知識人」の面目躍如たるものがあったが、それとは対照的に、この時期のメルロ＝ポンティは、『見えるものと見えないもの』の執筆とそれに関連した研究のなかに沈潜していった。彼は一九五九年の論文「モースからレヴィ＝ストロースへ」のなかでは、学生時代からの友人であるクロード＝レヴィ＝ストロースの構造主義と彼自身の現象学との内的な関連を説明している。彼は二〇世紀の人間科学の変貌をつねに追跡しながらその成果を自らの哲学のうちに積極的に取り入れてきたが、レヴィ＝ストロースの構造主義的人類学もその一つであった。レヴィ＝ストロースは高等師範学校《エコール・ノルマル・シュペリユール》時代からメルロ＝ポンティの友人で、教育実習ではボーヴォワールと三人で同じ学校に配属された仲であったが、彼は一九四八年以来メルロ＝ポンティの重要な対話者であった。レヴィ＝ストロースが一九六二年に出版した『野生の思考』は「メルロ＝ポンティの思い出」に捧げられている。

さらにメルロ＝ポンティは一九六〇年には論文集『シーニュ』を出版して、一九四八年の論文集『意味と無意味』の後に書かれた諸論文をまとめている。そしてこの『シーニュ』の序文のなかで彼は、ポール＝ニザンの作品『アデン・アラビア』にサルトルがつけた序文に言及しながら、ニザン、彼、サルトルといずれも共産主義に希望を託しては幻滅していった知識人の軌跡を回顧している。もしかしたらメルロ＝ポンティはこの時、自らの死期が近いことを予感していたのかもしれない。なぜならニザンの悲劇的な死を悼む彼の文章は、ここで遺書のような響きを帯びているからである。彼は次のように述べている。「あまりにも早く終わってしまったもう一つの生に、私は希望の尺度をあてるのだが、いぜんとして続いている私の生には、死の厳格な尺度をあてるのである。……創造する信念が私のうちで涸れているがゆえに、現実が記憶のなかでしか形作られないがゆえに、私が充実を見出すのは、幼年時代の事物においてであり、また失われた友人のうちにおいてである。」

翌年の一九六一年一月に彼は「眼と精神」という美しい論文を発表したが、これが彼の生前に発表された最後のものになった。一九四五年の論文「セザンヌの疑惑」から二〇年近くを経てふたたびセザンヌを初めとする近現代絵画を扱ったこの論文には、メルロ＝ポンティが幼年時代に経験した至福の世界の風景と南フランスの明るい太陽の思い出が揺らめいているようにおもわれる。この年の三月に高等師範《エコール・ノルマル・シュペリユール》学校で講演したサルトルは、メルロ＝ポンティが聴衆の一人として駆けつけてくれたことに感動したが、彼がどこか元気がないと感じた。「……私は一瞬、彼が沈みこんでいたという印象をもった」とサルトルは回想している。そしてこれがメルロ＝ポンティとサルトルとの永遠の別れとなった。

ひとつの時代の終焉

この年一九六一年の二月にアルジェリア現地軍の青年将校や極右の植民者たちは「秘密軍事組織《オルガニザシオン・アルメ・セクレ》」（OAS）を結成して、アルジェリアの独立を阻止するための最後の闘争を開始した。そして四月にアルジェリア現地軍の反乱が鎮圧されると、OASはプラスチック爆弾によるテロ攻撃を本格化させた。サルトルやボーヴォワールもテロの標的とされ、パリの街のあちこちで時限爆弾が炸裂《さくれつ》した。それは、ヨーロッパ経済共同体（EEC）の主要国として現代的な産業社会に変貌していくフランスのなかで消え去っていく古きよき時代への鎮魂曲であった。「良き時代《ベル・エポック》」のブルジョワ社会の最後の名残りが失われようとしていた。

OASのプラスチック爆弾が炸裂するパリで、一九六一年五月三日の夜、メルロ＝ポンティはサン・ミッシェル大通りにあったアパルトマンの庭に面した書斎で息を引きとった。死因は冠状動脈血栓症であった。机の上にはデカルト全集の一冊が開かれてあり、細かな書き込みをした紙片と万年筆があったとされている。仕事の最中に突然の死がやってきたのであった。フランスを代表する哲学者のこの突然の死に多くの人々が驚き、彼の哲学的思索が五三歳という働き盛りで中断されたことを惜しんだ。彼の葬儀はカトリックの儀式にしたがっておこなわれ、ミサが唱《とな》えられた。「レ・タン・モデルヌ」誌は彼の追悼号を発行し、サルトルが「生けるメルロ＝ポンティ」という回想記を掲載した。メルロ＝ポンティが死の間際まで執筆していた『見えるものと見えないもの』の草稿は、一九六三年になって出版された。

メルロ＝ポンティは一九五九年におこなった講演のなかで自分の半生を振り返って、「……この実存主義の隆盛期にはとりたてて見るべきものがなかったのだと、やはりそうおもわれるかもしれませんが、私はそこに関与したことを後悔してはおりません」と述べて、実存主義の時代がすでに終わったことを示唆していた。そして一九六〇年の一月に起こったアルベール＝カミュの交通事故死と、一九六一年五月のメルロ＝ポンティの突然の死は、「抵抗運動《レジスタンス》」と実存主義の時代が終わったことを告げるものであった。

寂寞と華やぎと

遺稿となった『見えるものと見えないもの』のなかで次のような風景が描写されているが、それはメルロ＝ポンティが死の直前に見た風景に近いものであるとおもわれる。

「机の上方には私の額の暗い塊があり、机の脚の方向には、私の両頬のもっとぼんやりした輪郭が見える。……私がまばたきするたびに、カーテンが降りたり上がったりする。」

サルトルによれば、母の死後はほとんど「世捨て人」になってしまったメルロ＝ポンティは、彼の書斎のこのような風景を前にして執筆を続け、そしてある晩ことされたのであった。メルロ＝ポンティは、自らの生涯を振り返って、母を初めとして多くのかけがえのないものを失ったことや、「レ・タン・モデルヌ」誌の一件を初めとして多くの政治的誤りを犯したことを苦い思いで回想していたのかも知れない。彼の書斎の描写に何となく感じられる薄暗く孤独な雰囲気は、晩年の彼の寂寞とした精神状態を暗示しているようにおもわれる。

しかし他方では、彼の精神のなかに故郷の南フランスの明るい陽光が最後まで感じられることもたしかである。そしてこの華やかな気分は、彼が生前に出版した最後の作品「眼と精神」のなかに溢《あふ》れている。世界がわれわれに対して光のもとに現れる時、われわれは生の深い喜びを感ずる。そして絵画はこの根源的な喜びを祝うための儀式であるがゆえに、陽ざしの下で画家がカンヴァスの上に鮮《あざ》やかな絵具を置いていく時には、祝祭の時のような華やいだ雰囲気が漂《ただよ》うのである。そして眼差しのうちに世界が現れ、物が見えるようになるという単純な事実が与える喜びの感情は、メルロ＝ポンティのなかで決してなくならなかった。歴史の辛い教訓も、彼がこの可視性の喜びとその神秘について哲学的に語りつづけるのを止めさせることはできなかった。次章では、彼の最初期の書評から最晩年の遺稿までを跡づけながら、このことを見ていくことにしよう。

II　メルロ＝ポンティの思想

『行動の構造』

「もっと完全な認識へ」

多くの思想家の場合と同じように、メルロ＝ポンティの場合にも、最初期の作品のうちにすでに彼の思想の基本的な主題が現れている。彼の最初の作品は一九三五年に発表された書評「キリスト教とルサンチマン」である。そしてドイツの現象学者マックス＝シェーラーの著書『ルサンチマンと道徳的判断について』を書評したこの作品において、メルロ＝ポンティはすでに現象学の方法を自らの哲学研究の方法として採用することを予告している。彼によれば、「現象学的還元」と呼ばれる方法によってわれわれは、科学によって説明される以前に意識に現れるがままの世界に立ち返らねばならない。つまり「反省の最初の仕事は目録を作成すること、すなわち意識を記述することであり、感覚的存在に自然主義がひそかに与える優先権を与えないようにしてそれをおこなうことなのである。」

次いでこの同じ年にメルロ＝ポンティは、フランスのカトリック系の実存主義者カブリエル＝マルセル（一八八九〜一九七三）の著書『存在と所有』についての書評を発表している。そしてこの書評には、後に彼が現象学的方法を用いて考察することになる哲学的な問題がすでに明瞭に現れている。マルセルは彼の著作『存在と所有』の冒頭において、人間である私は身体をもっているという単純な事実に注意を喚起している。そしてマルセルによれば、私は私のこの身体をその他の諸対象と同じように取り扱うことはできない。むしろこの身体が初めて私に他の諸対象を自由に取り扱うことを可能にするのであって、この身体そのものは私によって対象として自由に扱われることはできず、むしろそれは私にとって「不随性（indisponibilité）」として存在しているのである。こうしてマルセルによれば、人間である私は、私の意のままにはならない身体をもっており、そのようなものとして「受肉した人格（personalité incarnée）の観点」から世界を眺めるように定められている。そしてこのことは、「人間あるいは被造物としての私の条件」なのである。

ガブリエル＝マルセル

自分の身体についてのマルセルのこのような思索は、メルロ＝ポンティに決定的な影響を与えることになった。そして彼は、すでにこの書評のなかでマルセルの考えをさらに一歩すすめている。メルロ＝ポンティによれば、人間は身体をもっていることによって「不完全な直観の内に閉じ込められている」けれども、「不完全な認識からもっと完全な認識へと導くような道」が存在しているのである。そして彼はここからさらに次のように結論している。「われわれが知っている存在者は、それ自体がある構造をもっているのではなかろうか。そしてそのような存在者は、部分的な局面ないし側面、また部分的であると感じられるような局面ないし側面をわれわれに示し、そうした局面や側面のそれぞれがもっと遠くまでいくようにと誘いかけてくるのではあるまいか。マルセル氏はおそらくそう考えている。……つまり、われわれの関わり合っているのは一つの完成した哲学ではないのだ。」

ここには後のメルロ＝ポンティの思想の中心的な主題がすでに現れていると言ってよい。後になると彼は、すでにここで述べられていることを次のような言葉で表現するようになるのである。すなわち、もし私が神のように超越的な視点や偏在的な視点から世界を眺めるのではなくて、私の身体がいまある位置から「受肉した」視点をもって世界を眺めているのだとすれば、世界は一挙に完全に認識されるということは決してなく、むしろつねに不完全なかたちで徐々に認識されていく他はない。ただし私のこの「受肉した」視点は、不完全な認識を徐々に完全な認識へと発展させていくことはできるのである。私は身体をもって世界を眺めているがゆえに、私が見る世界はつねに遠《パー》近法的展望《スペクティヴ》にしたがって現れ、私が見る物はつねに奥行と見えない側面をもって現れる。そして私が身体を動かすにつれて、遠近法的展望《パースペクティヴ》は徐々に変化していき、それにつれてこれまでは見えなかった側面が次々に見えてくるのである。これが後のメルロ＝ポンティの思想の中心的な主題に他ならないのであるが、それはすでにさきの言葉のなかに粗削りなかたちで表現されているのである。

ゲシュタルトの概念

メルロ＝ポンティの最初の著書である『行動の構造』は、第一次世界大戦後のドイツに現れたゲシュタルト心理学に関する批判的な研究である。高等師範学校《エコール・ノルマル・シュペリユール》を卒業して一九三一年から高等中学校《リセ》の教師をしていた彼は、このゲシュタルト心理学の研究成果にもとづいて哲学の諸問題を論ずることによって学位論文を仕上げようとしており、この『行動の構造』はその成果であった。

メルロ＝ポンティは、クルト＝ゴルトシュタイン（一八七八～一九六五）、クルト＝コフカ、ヴォルフガング＝ケーラー（一八八七～一九六七）、マックス＝ヴェルトハイマーといったゲシュタルト心理学者たちの研究成果を紹介しながら、そこで明らかにされた生物の行動の性格について説明していく。これまでの心理学が一般におこなってきた説明によれば、生物の行動とは、一定の要素的な刺戟《しげき》に対する一定の要素的な反応のことであって、複雑な行動もまた、これらの単純な要素的刺戟に対する単純な要素的反応が組み合わされたものにすぎなかった。このような「古典的な考え方によれば……神経活動を説明するということは、複雑なものを単純なものに還元し、行動を作りあげている恒常的要素を発見することでしかありえな」かったのである。

ケーラーは、これまでの要素心理学の前提となってきたこのような考え方を恒常性仮説と名づけたが、ゲシュタルト心理学によれば、この恒常性仮説は誤っている。この仮説にしたがえば、要素的に同じ刺戟《しげき》は必ず同じ反応を結果として引き起こすはずである。しかし実際には、要素的に同じ刺戟《しげき》がしばしば異なった反応を引き起こし、逆に要素的に異なった刺戟が同じ反応を引き起こす。そしてこのような観察からゲシュタルト心理学が明らかにしたことは、生物は刺戟の個々の要素的内容に反応するのではなく、個々の要素的刺戟が形づくる「形態的ないし全体的特性」に反応するということである。この形態的ないし全体的な特性がゲシュタルト（Gestalt）と呼ばれるものである。ゲシュタルトの端的な例は音楽のメロディである。ある一つのメロディは、それがピアノで演奏されようと、フルートで演奏されようと、口笛で吹かれようと、同じメロディとして知覚されるのであるが、それは、ピアノの音色とフルートの音色と口笛の音色は各々要素的に異なっているにもかかわらず、それらの音色が一定の形態に配列されることによって、一つの同じゲシュタルトを構成しているからである。その場合には、メロディを構成している個々の音はそれ自体では意味をもたず、一つのゲシュタルトの構成要素として初めて意味をもつのである。そしてこれと同じように生物は、刺戟を一つのゲシュタルトとして捉えて、あくまでもこのゲシュタルトに対して反応しているのである。「刺戟という概念は、有機体が受容器のうえに場所的・時間的に散らばっている興奮を集め、そしてリズムとか形とか強度の割合など、要するに局所的刺戟の全体的形態という〈理念的存在〉に〈身体的存在〉を与えようとする根源的な活動に、関わっている」のである。

さらにこのゲシュタルトは、ゲシュタルト心理学においては、地（fond）の上に浮き彫りになってくる図（figure）としても理解されている。たとえば、ならべられたマッチ棒が三角形の図形として知覚される時には、軸木の木目やその先端に塗られた燐などは地として目立たなくなり、三角形という形だけが図として浮き上がってくるが、この図がゲシュタルトである。あるいは他人の顔の表情が知覚される時には、その表情を形づくっている個々の皺や唇の形や眼の細め具合などは地として意識されなくなり、それらが意味している怒りや喜びの表情が図として浮き上がってくるが、この時の地をなしているのが質料的な要素であり、それらの一定の配置によって浮き上がる意味が図としてのゲシュタルトである。

ヴォルフガング＝ケーラー

ゲシュタルトと行動の関係

ゲシュタルト心理学によれば、生物に対する刺戟《しげき》がこのようにゲシュタルトとして受容されるように、この刺戟に反応する生物の行動もまたゲシュタルトとしてのみ理解されうる。したがって、生物がおこなう一つ一つの行動には、それを引き起こす神経部位が一つ一つ対応していると見なす古典的な機能局在説に対して、ゲシュタルト心理学は反対する。ゴルトシュタインは、第一次世界大戦で脳に損傷を負った兵士について臨床的な研究をおこなったが、そこで明らかになったことは、神経系のある部分が損傷を蒙《こうむ》ると、たんにある種の行動が不可能になるのではなく、むしろ行動の全体的な構造が犯されて、より低次の水準の構造をもった行動が現れるということであった。「……患者にとって不可能なのは運動のある〈貯《たくわ》え〉ではなく、行為のある〈タイプ〉、活動のある〈水準〉なのである。……病的変化は、より未分化でより非組織的な、より全体的でより無定形な行動にむかう方向に起こるのである。」こうして一般に生物は、一定の刺戟《しげき》に対して一定の神経系を作用させて反応するのではなくて、つねにその身体的な機能全体に対応した一つの水準の構造あるいはゲシュタルトをもった行動によって反応しているのである。

ここからさらに中枢神経系と行動との関係が明らかになってくる。ケーラーはアフリカ東海岸のテネリファ島にあったカイザー＝ヴィルヘルム研究所の類人猿研究所長として類人猿の知能に関する有名な研究をおこなったが、この研究に依拠しながらメルロ＝ポンティは論述をすすめていく。天井にぶらさがっている果物を、床にある箱を積み重ねてそれに乗って取るという課題や、何本かの竿を繫ぎ合わせてその果実を取るという課題を課せられた類人猿の行動が示していることは、知能とは、知覚された領域にあるさまざまな対象の間の関係を捉える能力であり、知覚領野を一つの構造として捉えて行為する能力だということである。その際に知覚されるこの構造が、ゲシュタルトに他ならない。そしてこの構造ないしゲシュタルトがますます抽象化されてきて、質料的に異なった諸対象からなる関係にも融通無礙《ゆうづうむげ》に翻訳されるようになり、一見すると類似していないような知覚領野のうちにますます同一の構造が読み取られるようになるにつれて、知能は高度になっていくのである。したがって「……中枢領域の活動は……質料的に異なる諸運動に同じ類型的形式、同じ価値的述語、同じ意味を与えるような全体的活動として理解されうる」のであって、「大脳領域の機能は……行動の構造、組織化にかかわる」のである。

そしてメルロ＝ポンティによれば、動物の中枢神経系が発達してくるにつれて、行動は、癒合的形態（formes syncrétiques）から可換的形態（formes amovibles）を経て象徴的形態（formes symboliques）へと発展してくる。このうち最初の形態では、行動は、状況のもつ本質的な特徴に反応するのではなく、特殊な質の刺戟《しげき》に反応するのであって、融通がほとんどきかない。たとえばクモは、巣に伝わる振動にもっぱら反応するのであって、この振動がハエによるものではなく音叉によるものでも同じように反応するのである。第二の可換的形態では、ある質の刺戟《しげき》とその結果の刺戟との間の因果関係がゲシュタルトとして捉えられるようになっており、したがって経験による学習が可能になっている。しかし、この関係のゲシュタルトはまだ個々の刺戟の質に結びついたままになっていて、他の質の刺戟の関係に自由に翻訳されることができない。象徴的形態の行動になって初めて、構造は刺戟の質から独立して純粋にそのものとして、自由にさまざまな質の刺戟のゲシュタルトに翻訳されうるようになる。したがって、たとえばオルガン奏者は、手足の筋肉運動のゲシュタルトと楽譜を見る視覚のゲシュタルトと演奏されたメロディのゲシュタルトを同一のものとして捉えて、初めての曲でも即座に演奏できるのである。そして中枢神経系が損傷を受けると、人間はゲシュタルトをこのように具体的な感覚から独立させて自由に扱えなくなるのであって、「患者の行動は正常者の行動よりも、はるかに密接に環境の具体的・直接的諸関係に密着している」ということになるのである。

ゲシュタルトは「意識にとって存在する」

こうしてメルロ＝ポンティによれば、ゲシュタルト心理学はゲシュタルトという概念を用いて生物の知覚や行動について画期的な説明をおこなった。しかしメルロ＝ポンティは、ゲシュタルト心理学自身がこのゲシュタルトという概念を誤解していると批判する。そしてこの批判をおこなうことが、『行動の構造』の主要な目的である。彼によれば、「ゲシュタルト理論は、……哲学的分析の仕事を十分に推し進めた試しはない」のであって、そのために「ゲシュタルトの概念は……その最も重要な帰結に達するまで追究されてはいない、とおもわれる」のである。

メルロ＝ポンティによれば、ゲシュタルト心理学者たちは、ゲシュタルトというものが、人間の知覚や観察とは関わりなく物理的世界に客観的に存在していると考えている。そして彼らは、生物の行動も心の活動もすべてこの物理的世界のゲシュタルトから生ずる結果として説明するのである。「彼らはゲシュタルトを自然の出来事の一つに数え」、「物質と生命と精神の統合ということも、それらを物理的ゲシュタルトという共通分母に還元することによって得られるだろう」と確信しているのである。しかしメルロ＝ポンティによれば、ゲシュタルトは「……〈自然〉の〈なか〉にあるのではなく」、「……意識にとって存在する」ものである。たとえばさまざまな音素が結合されて一つのメロディを構成する時、このメロディという全体的構造は、それらの音を聴いている者にとってのみ存在する。この全体的構造としてのゲシュタルトは、音楽を聴いている者がこれらの音の感覚を集めて、そこから引き出してくる意味なのである。このことは、E＝ルビンが提示した有名な「ルビンの杯《さかずき》」の絵について考えてみると、よく理解できる。この絵は要素的に見れば、白い紙の上に拡がったインクの染みにすぎない。しかしこの絵は、見る者の態度にしたがって、杯《さかずき》にも見えるし、向かい合った二人の人間の横顔にも見える。この場合にはインクの染みという地から浮き彫りになった図としての「杯」あるいは「横顔」の図形がこの絵のゲシュタルトなのであるが、このように見る者の態度によってどちらにもなるものが物理的な実在として客観的に存在するということはありえない。したがってこのゲシュタルトは、たしかにインクの染みの一定の形にもとづいていて、決して勝手気侭《きまま》に想像されたものではないが、しかし、この絵を眺める者がいなくても存在するというものでもなくて、この絵を眺める者がそのつどの関心にしたがってそこから読み取った意味として、彼の知覚に

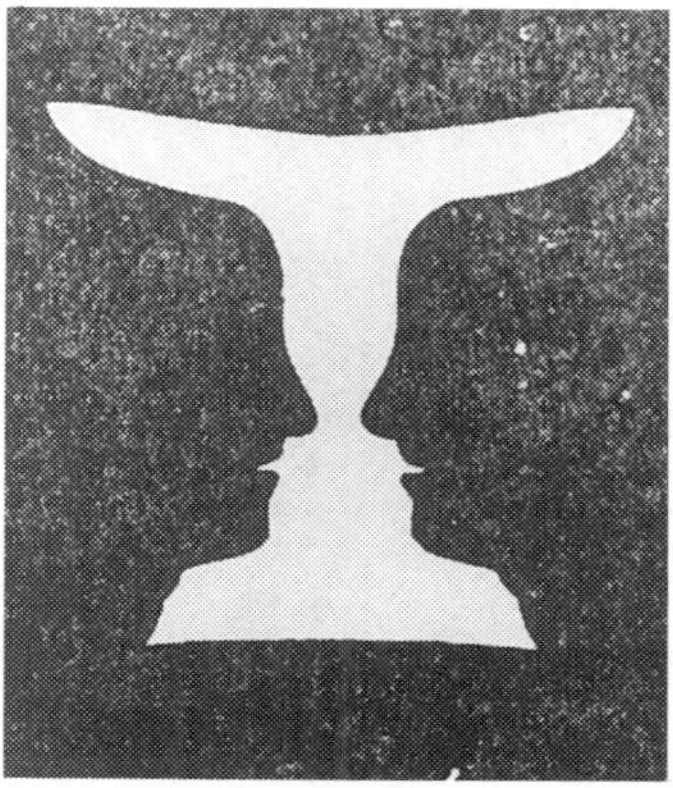

ルビンの杯

とってのみ存在するものなのである。

自然界のゲシュタルトの層

ゲシュタルトはこのようなものとして理解されねばならない、とメルロ＝ポンティは論ずる。そして彼は、自然のなかにはいくつものゲシュタルトの層が認められると考える。たとえば物理的世界に特有のゲシュタルトがある。その例としてケーラーが発見したのは、伝導体における電荷の分布やポテンシャルの差異や電流などである。そしてこの物理的世界のゲシュタルトの上に生命的世界のゲシュタルトがある。たとえば「水に溺れるハエの行動」は、水に投げ落とされた石の行動とは様相を異にしているのであって、そのためにオランダの哲学者スピノザ（一六三二〜七七）は、水面でもがくハエから眼を離せなくなったのである。そこには物理的世界のゲシュタルトとは異質な生命的世界のゲシュタルトが認められるのである。ただしこのハエの行動において物理的世界のゲシュタルトが認められないというわけでは決してない。このハエの神経組織や筋肉組織のうちには物理的世界のゲシュタルトがつねに見出される。しかしこの物理的世界のゲシュタルトによっては、水に溺れるハエの行動は決して説明できないのであって、このことは、生物の行動を物理学的な現象に還元して説明することはできないということを示している。生命現象を正しく理解するためには、生命体の行動を独自のゲシュタルトとして捉える記述的生物学が必要なのである。

メルロ＝ポンティは、一九四七年の論文「映画と新しい心理学」では、映画における映像のモンタージュが浮き彫りにするゲシュタルトを例に挙げて、このことを説明している。映画を構成している個々の映像は、それだけ取り出しても一定の意味をもっており、したがって地と図の構造をもった一つのゲシュタルトをなしている。しかし、それらの映像は編集されて一定の順序で配列されることによって、全体として新しい意味ないしゲシュタルトを浮き上がらせるのである。その場合には「……映像の意味は、映画のなかで先行する映像に依存するわけであり、映像の継起が、そこで使用された諸要素の単なる総和ではない新しい現実を創造するのである。」個々の映像は、それ自体として地と図の構造を含むゲシュタルトであるが、それらはさらに映画全体のゲシュタルトを図として浮き上がらせる地としても機能しているのである。そして一般に、異なった水準のゲシュタルトは互いにこのようなかたちで関連し合っているのである。

そしてメルロ＝ポンティは、自然のうちには、大まかに言って、物理的秩序（ordre physique）、生命的秩序（ordre vital）、人間的秩序（order humain）という三つのゲシュタルトの水準が認められるとしている。これらの秩序は、言わば下から上に積み重なっている。したがって生命的秩序は物理的秩序を前提しており、人間的秩序は物理的秩序と生命的秩序を前提している。つまり物理的秩序が一定の段階まで複雑になるとそこに生命的秩序が読み取られるようになり、生命的秩序が一定の段階まで複雑になるとそこに人間的秩序が読み取られるようになるのである。しかしこれらの各水準のゲシュタルトは各々が現象の独自の意味であって、決して一方を他方に還元することはできないのである。

さらに彼は、人間的秩序をもっぱら対象とする人文社会科学もまたこのようなものの見方をおこなっていると指摘する。たとえば、歴史学者は無数の歴史的事実の堆積のなかに一つの文明や社会の構造を読み取るが、この構造は、諸個人の商品交換や公文書の受け渡しといった、それ自体ゲシュタルトである無数の要素的な事実を地としてそこから浮き彫りになってくるゲシュタルトなのである。社会学者のマックス＝ヴェーバー（一八六四〜一九二〇）は、このような構造のことを理念型（Idealtypus）と呼んでいた。そしてメルロ＝ポンティもまたここでゲシュタルトのことを理念（idée）と呼んでいる。つまり「……経済的・社会的・政治的〈構造〉としてのエジプトが、エジプトそのものを構成してそれを存在に到らしめた多様な個々の〈事実〉とは違った思考対象であることには、変わりがないのである。それは分子的事実の総体に共通な〈理念〉・〈意味〉であり、多様な事実の全体によって表出されてはいても、その事実一つ一つのなかには全く含まれていないものなのである。」

デカルトへの反論

こうしてメルロ＝ポンティにとっては、「物質・生命・精神は、〈意味の三秩序〉として理解されねばならないのである。」そしてここからさらに彼は、心と身体の関係の問題を全く新しい角度から解決しようとする。近代フランス哲学の基礎を築いたデカルト（一五九六～一六五〇）によれば、精神と物質は全く異質で互いに独立した二種類の実体であり、さらにこの考えにしたがえば、精神としての心と物質としての身体もまた完全に分離されねばならなかった。思考を本質とする心と、完全に物理的法則にしたがって作動する機械としての身体は、互いに独立した実体として、大脳下部の松果腺というただ一点でわずかに接触しているにすぎないとされた。デカルトのこの心身二元論は、その後のフランス哲学のみならず、近代ヨーロッパ哲学全体を支配してきたが、このような考え方に対してメルロ＝ポンティは、ゲシュタルトの概念を用いて反論するのである。

デカルト

　メルロ＝ポンティによれば、精神と物質、あるいは心と身体は、二つの異質な実体ではなく、むしろ二つの異なった水準のゲシュタルトに他ならない。あるいは、一つの水準のゲシュタルトから、それよりも統合度の高いゲシュタルトが浮き彫りになる時、前者は後者にとって身体であるとされ、後者は前者にとって心であるとされるのである。したがって「心と身体の概念は相対化されねばならない。」「これらの諸段階の一つ一つは、前段階のものに対しては〈心〉であり、次の段階のものに対しては〈身体〉である。身体一般とは、すでに辿られた道程の全体、すでに形成された能力の全体、つねにより高度な形態化のおこなわれるべき〈既得の弁証法的地盤〉であり、そして心とは、そのとき確立される意味のことである。」したがって心と身体の関係は図と地の関係であり、心とは身体という地のうえに意味として浮き出してくる図だということになる。そしてゲシュタルトとしての図が、地を離れてはありえないように、心は、身体を離れてはありえない。あるいは心とは身体の意味だとすれば、一般的に言って「そもそも意味というものは〈受肉〉しているもの」なのである。

知覚のパースペクティヴ性

メルロ＝ポンティによれば、「ゲシュタルトは、……物理的実在ではなく〈知覚〉の対象であり」、「〈知覚された対象〉の統一」のことなのであるが、そうだとすれば、世界を捉えてその意味をゲシュタルトとして浮き彫りにする知覚の働きとはいかなるものかということが問題になってくる。したがってメルロ＝ポンティは、『行動の構造』の第四章において、ゲシュタルトを捉えるわれわれ自身の知覚について考察を始めることになる。つまりこれまでの論述においては彼は、「人間について、〈反省〉によっては何一つ知らないかのように装い」、「〈外的傍観者〉の立場」に立ってきたが、これからは徐々に反省という内側の視点から自分自身の知覚について考察するようになってくるのである。あるいは彼は、知覚において「われわれに現れるがままの諸対象に立ち返って、そのあり方を忠実に記述しようと努める」のである。

われわれに現れるがままの諸対象に立ち返る時に、メルロ＝ポンティがまず注目することは、知覚される物は必ず遠近法的展望《パースペクティヴ》のなかで現れるということである。彼は、木でできた立方体を知覚した場合を例として、このことを説明している。われわれは、この立方体が六つの正方形の面をもっていることを知っているけれども、それを直接に知覚することはできない。われわれが直接に知覚できる立方体の面は一度に三つまでであり、しかもその面が実際に正方形に見えるのは一つの面しか見えない時であり、二つの面が同時に見える時にはそれらは長方形に見え、三つの面が同時に見える時にはそれらのうちの少なくとも二つは平行四辺形か菱形に見えるのである。したがって「……立方体のあらゆる面を一度にわれわれに与える〈視覚〉というのは、全く矛盾した表現である。」

こうして知覚される対象は、必ず一定のパースペクティヴのもとで「射影（profil）」として与えられる。つまり知覚される物は、どのような物でも一度に完全に認識されることはなく、つねに見えない面を残して認識されるのである。あるいは、同じことであるが、知覚される世界はパースペクティヴとして与えられ、遠くのものは遙《はる》か地平線にかすんで現れ、その彼方にさらに多くのものが無限に存在することを示すようなかたちで与えられるのである。「まさにこのパースペクティヴのおかげで、〈知覚されているもの〉が、それ自身のなかに、隠れた尽きることのない豊かさをもつようになり、まさしく一個の〝物〟となるのである。」すでにメルロ＝ポンティは一九三六年の書評「存在と所有」のなかで、ガブリエル＝マルセルが『存在と所有』で述べていた思想を敷衍《ふえん》しながら、存在者がつねに部分的側面を通じて人間に与えられることを指摘していた。このことを今やメルロ＝ポンティは、知覚のパースペクティヴ性として捉え直すのである。そしてこの知覚のパースペクティヴ性ということのもつ意味を徹底的に明らかにすることが、メルロ＝ポンティの哲学の一つの主題となるのである。

上空飛行的思考への批判

知覚がパースペクティヴ性をもつのは、人間が身体をもっていて、この身体が置かれている位置から世界を眺めているからである。神ならば身体によって世界のなかの一点にこのように縛りつけられてはいないだろうから、神はパースペクティヴ性を脱却した遍在的な視点から世界をいっきに完全に捉えてしまうか、あるいは世界の外に立つ超越的な視点から世界についての経験をこれまたいっきに完全に構成してしまうだろう。そしてメルロ＝ポンティによれば科学が暗黙のうちに前提している実在論は、このうち前者の遍在的視点に立っており、ドイツの哲学者カント（一七二四～一八〇四）の哲学のように「全自然を意識の面前で構成される客体的統一とする」批判主義は、後者の「外的傍観者」の視点に立っていることになる。つまりこれらの立場はいずれも生身の人間のパースペクティヴ的な視点から世界を捉えてはいないのであって、どちらもこのような神の視点を想定しているかぎりにおいて、「上空飛行的思考」をおこなっているのである。

そしてこの「上空飛行的思考」とはまさに科学の思考なのであって、したがって実在論によって発見される世界と、批判主義において超越的な意識によって構成される世界とは、実はどちらも科学によって捉えられた世界という全く同じものなのである。もちろんメルロ＝ポンティは、科学によって捉えられるこの客観的世界が、「世界についての知」として個人の主観を越えた「間主観的真理性の値い」をもって成立してくることを決して否定しはしない。しかし彼によれば、この客観的な真理としての科学的な世界は、あくまでも知覚に基礎づけられているのであって、そのようなものとしては、知覚された世界と同じように決していっきに完全に与えられはせず、むしろ人間の歴史のなかで徐々に開かれてくるのである。科学的世界の基礎をなしているこの知覚された世界の根源的なパースペクティヴ性を忘れて、神の視点から見られた科学的世界を「完全で実在的な世界」として仮定する実在論や批判主義は、彼によれば、「遡及的錯誤」に陥っているのである。

身体に浮き彫りになる心

さらにメルロ＝ポンティによれば、知覚のこのパースペクティヴ性から心身の関係の問題にも新しい角度からの光を当てることができる。知覚される物がつねにパースペクティヴにしたがって現れるということは、私は私の身体のある側面を決して知覚できないということでもある。たとえば私は、他人が私を見るように私の顔を見ることは絶対にできない。私の身体には私が永遠に見ることのできない側面があり、それは私にとっては、六つの正方形の面をもった立体としての立方体と同じように、「終始〈純粋な意味〉でしかない」わけである。また他方では、いかなる他者も現在の私の知覚のパースペクティヴを共有することはできないのであるから、現在の私によって直接に知覚された世界は、他者にとっては純粋な意味でしかないわけである。

すでに「外的傍観者」の立場から知覚世界がもつゲシュタルトが問題とされた場合に、心とは身体の意味であると言われたが、メルロ＝ポンティによれば、このように知覚を内側から反省した場合でも、心とは身体の意味あるいはゲシュタルトに他ならない。知覚のパースペクティヴ性は、知覚された物がつねに見えない側面を隠しもっていることを示すと同時に、知覚する身体が知覚世界のうちに占める観点そのものがつねに一種の虚焦点のように現れてくることを示している。つまり「……ある観点を占めるということは、必然的に、その観点そのものを見ていないということ」であって、私は身体によって世界を見るがゆえに、私の身体そのものはつねに見えないものにとどまるのである。そして私が立方体の射影《プロフィール》を知覚する時には、六つの正方形の面をもった立体という見えないものが、この部分的射影の意味あるいはゲシュタルトとして浮き彫りになってくるのであるが、それと同じように、心とは、見えないものとしてのこの身体のことであり、あるいは見える身体の意味として浮き上がってくるゲシュタルトなのである。したがって他人は、私の身体の行動を知覚する際に、他人の知覚のパースペクティヴに直接に与えられる私の身体から浮き上がる意味ないしゲシュタルトとして私の心を捉えるのである。

現象学の序論

メルロ＝ポンティは、彼が『行動の構造』の最後の章でおこなっているこのような考察の方法がフッサールの現象学の方法と同じものであることをそこですでに明言していた。そしてここでおこなわれたような考察は『行動の構造』の第四章だけにとうてい収まりきるものではなく、むしろフッサールの現象学の本格的な研究に裏打ちされた一冊の大部な書物を必要とするものであるということが、すぐに彼には明らかになった。そのきっかけとなったのは、すでに述べたように、一九三九年の一月に「国際哲学雑誌《ルヴュ・アンテルナシオナル・ド・フィロソフィ》」のフッサール追悼号を入手したことであった。こうして彼はルーヴァンにおもむいてフッサール研究を本格的に開始するとともに、一九三八年にすでに原稿が完成していたこの『行動の構造』は、次に書かれるべき現象学の著作の序論として位置づけられることになったのである。

『知覚の現象学』

現象学的還元の不可能性

一九四五年に出版された『知覚の現象学』は、メルロ＝ポンティの主著である。この大部の書物において彼は、身体をもって世界のなかの一点に位置してそこから世界を知覚したり行為したりしている「世界内存在（être au monde）」としての人間を現象学的方法によって徹底的に考察してみせた。メルロ＝ポンティの思想のすべてがこの本のなかにあるわけではないけれども、少なくとも彼のすべての思想の萌芽はそこにあると言ってよい。またこの作品において彼は自らの哲学のスタイルを確立しており、隠喩や暗示に満ちた表現を用いながら屈折したジグザグの論述によって次第に主題へと接近していくという彼独特の文体が、ここにおいてほぼ完成されている。

この本のためにメルロ＝ポンティは、なみなみならぬ努力を払ってフッサールの現象学を研究したが、しかしすでにここにおいて彼は、自分が納得のいくものだけをフッサールから受け継ごうとしている。

メルロ＝ポンティによれば、現象学は、われわれの意識的な思考や反省や科学的な研究や哲学的思索が始まる以前にすでにそこにある見なれた世界に立ち返ることを目ざしている。「事物そのものへ立ち返るとは、認識がいつもそれについて語っているあの認識以前の世界へと立ち返ることであって、一切の科学的な規定は、この世界に対しては抽象的・記号的・従属的でしかなく、それはあたかも、森とか草原とか川とかがどういうものであるかを、われわれに初めて教えてくれた〈具体的な〉風景に対して、地理学がそうであるのと同じことである。」したがって彼によれば、世界に関する一切の先入見をなくすために判断停止《エポケー》をおこなうという現象学的還元とは、この馴れ親しんだ世界についてわれわれが抱いている「根源的な憶見」を捨てることではない。それは、あまりに自明であるためにかえって気づかれないこの世界に気づくために、一時この世界から後退してみることにすぎないのである。したがって、フッサール自身が現象学的還元について誤解していたことになる。なぜなら、批判主義から完全には脱却できなかったフッサールは、「世界とのわれわれのなれなれしさを断ち切って」しまって、一つの純粋な意識にまで後退し、「この意識のまえでは世界は絶対的な透明さのうちに自己展開するようになる」ことが現象学的還元の目的だと見なしているからである。しかし、われわれはつねに自明な世界のうちで生活しているのであって、この根源的な親しさを断ち切ることなど決してできない。そしてメルロ゠ポンティが考える現象学的還元におけるように、この見なれた世界からほんの一時期後退してみることさえ、完全には不可能なのである。したがって現象学的「還元の最も偉大な教訓とは、完全な還元は不可能だということなのである。」ただわずかに現象学的還元は、われわれがそれについて反省する前につねに営んでいる非反省的生活の一端について反省することを可能にする。そして現象学的な探求とは、このような反省の努力のなかに一瞬の間浮かび上がる非反省的生活とそこにおける見なれた世界の様相を何とか記述しようとする不断の努力なのである。

現象学と芸術の類縁性

このような現象学は芸術に似ている、とメルロ＝ポンティは考える。知覚された世界が構造化されて、背景としての地の上にゲシュタルトが図として浮かび上がり、そのようにして風景のなかに一つの意味が現れてくる時、知覚する眼差しは写真機のようにたんに受動的に世界を映しているのでない。むしろ知覚する眼差しは、自らの主体的能力によって世界をユニークなかたちで構造化して意味づけているのであって、そこではつねに「知覚の天才」が働いているのである。そして絵画や文学といった芸術活動は、この知覚が天才的に構造化して意味づけた世界をカンヴァスや言語に表現して定着させようとする努力である。同じように現象学的研究もまた、知覚がこうして組織化して意味づける世界をさらに論述によって表現しようとする努力なのである。「現象学的世界とは、先行しているはずのある存在の顕在化ではなくて存在の創設（fondation）であり、哲学とは、先行しているはずのある真理の反映ではなくて、芸術と同じくある真理の実現なのである。」

こうしてメルロ＝ポンティは自らの現象学的な哲学を芸術的な営為と見なしている。彼は次のように述べている。「現象学はバルザックの作品、プルーストの作品、ヴァレリーの作品、あるいはセザンヌの作品と同じように、不断の辛苦である――同じ種類の注意と驚異とをもって、同じような意識の厳密さをもって、世界や歴史の意味をその生まれ出づる状態において捉えようとする同じ意志によって。」

そもそもフランスの文化的伝統においては、学者・大学教授と芸術家・作家とは敵対関係に立ってきた。前者には受験勉強に勝ち抜いた誇りとその代償としての創造力のいたましい欠除があり、後者には受験勉強での苦い挫折の経験とその代償としての創造力があるとされてきた。一九二八年にノーベル文学賞を受賞したベルクソンは、哲学的な著作によってこの対立を乗り越えて作家としての名声をも獲得した最初の哲学者であった。サルトルもまた、哲学者と作家という二役をこなすことによって、この対立を越えて哲学者としての名声をも獲得した作家となった。メルロ＝ポンティは、自らの哲学的著作を同時に芸術作品にしようと努力することによって、ベルクソンの道を辿っているようにおもわれる。メルロ＝ポンティは、このように哲学を科学よりもむしろ芸術に似たものと見なすだけでなく、一般に知覚を初めとして行為も言語も科学も含めて人間のすべての営為を理解する際のモデルを芸術に求めており、このことは彼の人間観の大きな特徴をなしている。

巨大な金剛石のきず

『知覚の現象学』におけるメルロ＝ポンティの関心は、もっぱら身体に向けられている。ここでは彼は、身体を現象学的に研究することによって、デカルト的な精神と物質の二元論を乗り越えようとしている。デカルトによれば、存在するものは「物として存在するか、それとも意識して存在するか、その何れか」である。しかしメルロ＝ポンティによれば、「自己の身体の経験」は、このような物でも意識でもなく、精神でも物質でもない「両義的な存在仕方」があることを示している。彼が明らかにしようとするのは、身体のこの独特の存在仕方である。

すでに述べたように、人間は身体によって世界を知覚するのであるが、ここからすでに身体とは独特のものだということがわかる。すなわちわれわれは身体によって世界を知覚するがゆえに、この身体の一部はわれわれにとって永久に知覚することはできないし、一般にわれわれは自分の身体を他の物のように自由に観察することはできないのである。このことは、自分の顔を直接に見ることはできないという事実のうちに端的に現れているが、触覚に関しても言うことができる。「というのは、私の右手がある対象に触れている間に、その右手に私は左手で触れることができるとしても、対象であるかぎりの私の右手は、触れているかぎりでの右手ではないのだから。」

こうして「私の身体は、それが見たり触れたりするものであるかぎりでは、触れられも見られもしないものである。」したがって私が知覚する世界には、私の身体のある場所だけ空隙《くうげき》ができ、盲点ができることになる。もし私が神ならば、世界は一点の曇りもなく捉えられるであろう。しかし人間が知覚する世界は、どのようにしてもその人間の身体の部分だけつねに見えない箇所が残るのである。メルロ＝ポンティは詩人のポール＝ヴァレリー（一八七一～一九四五）の芸術論につねに興味を抱いてきたが、ここでは彼はヴァレリーの詩『海邊の墓地』の一節「わが後悔も、わが疑惑も、ことごとくお前の巨大な金剛石の瑕痕《きずあと》だ……」を引いて、この空隙を世界という巨大な金剛石のきずと呼んでいる。彼によれば、「われわれは世界の画像のなかから、われわれがそれであるところのあの空隙、それをとおして世界がある人に実在することになるところのあの空隙を、決して消し去ることはできないのであり、知覚があの〈巨大な金剛石〉の〈きず〉なのである。」

私の「両義的な存在仕方」

世界を知覚するものであるかぎりの私の身体は決して完全には知覚されないということは、知覚された世界がパースペクティヴ性のもとに現れ、つねに私には見えない隠れた側面をもつということと同じなのであるが、このことからさらに私の「両義的な存在仕方」に照明が当たることになる。すなわち私は身体をもって生活しているが、このことは、私が無意識のうちにおこなっている広大な身体的生活が私の意識的な生活を支えているということを意味している。そして私は自分の身体を決して自由に眺めることはできないのとちょうど同じように、私は、私の身体がおこなっているこの意識下の活動を自由に意識に捉えることは決してできないのである。「このようにして、私の人格的な実存のまわりに、一つのほとんど非人称的な実存の周縁が姿を現しており、……私の有機体は世界の一般的形態への前人称的な加盟として、無名で一般的な実存として、私の人格的生活の下で一つの先天的コンプレックスの役割を果たしている」のである。したがって、私とは決して私の意識ではない。私の生活は、意識的で人称的で人格的な生活と、その下で私の身体が営んでいる非人称的で無記名で一般的な暗黙の生活との間をつねに揺れ動いているのである。むしろ「……私とは私の身体である」が、そのようなものとしての私の生活は、「ある時には身体的となるかと思えばまたある時には個人的行為へと赴く実存のあの往還運動なのである。」

身体図式の機能

メルロ＝ポンティによれば、このような私の身体は、さまざまな感覚や運動を互いに結びつけて、そこから一つの意味や構造を浮かび上がらせるという機能をもっている。身体のこの機能のことをメルロ＝ポンティは、イギリスの神経病理学者ヘンリー＝ヘッドにならって身体図式（schéma corporel）と呼んでいる。つまり身体は、感覚を筋肉運動に即座に変換したり、ある身体部位の筋肉運動を他の身体部位の筋肉運動に瞬時に翻訳したり、ある感覚を他の感覚と瞬間的に交流させたりできるのであって、「身体図式……は、まさにこの等価物の系、この直接的に与えられた不変式のことであって、これによってさまざまな運動任務が、たちどころに変換可能なのである。」こうして「私の身体とはまさしく相互感覚的な等価関係と転換との完全にできあがった一体系」なのである。

かつてアリストテレス（前三八四?～前三二二?）は、『霊魂論《デ・アニマ》』やその他の著作において、諸感覚の間の関係に関する感覚としての共通感覚（coinē aisthēsis）について語っていた。そしてメルロ＝ポンティは、諸感覚と運動の変換と翻訳体系としての身体図式のことを共通感覚（sensorium commune）とも呼んでいる。この身体図式あるいは共通感覚を用いることによって人間は、世界のなかで滑らかに知覚したり行為したりすることができる。たとえば他者の行為を模倣しようとする者は、この身体図式のおかげで他者についての視覚的感覚を直接に自分の身体の姿勢や運動に翻訳できるのである。また、たとえばある物が遠近法的展望《パースペクティヴ》のもとで次々と知覚される時、この物を眺める私の身体は、身体図式によって各々のパースペクティヴを他のパースペクティヴに変換・翻訳して、これらのパースペクティヴを結びつけて一つの物の知覚へと綜合するのである。したがって、私が暖炉《だんろ》を知覚している時には、「身体図式と同じく、暖炉もまた諸等価物の一つの体系であって、しかもこの体系は……身体的現前の体験のうちに基礎を置いているのである。」さらにアリストテレスにおいては共通感覚は、時間や運動の知覚を可能とするものであったが、メルロ＝ポンティにおいても、身体図式によるパースペクティヴのこの綜合は、時間の知覚と結びついている。つまりあるパースペクティヴが、それとは僅かに異なる他のパースペクティヴに次々と変換・翻訳されることによって、パースペクティヴの漸次的な変化としての時間の知覚が可能となってくるのであり、かくして現在の知覚のパースペクティヴは、過去と未来のパースペクティヴの地平をもつことになるのである。「私の身体は現在、過去、未来をいっしょに結びつけ、いわば時間を分泌する。……私の身体は時間を占領し、過去と未来を現在に対して存在させる」のである。

このように身体図式において、さまざまな感覚や運動が互いに等価関係に置かれて翻訳され変換されうるのは、これらの感覚や運動が、各々の要素的内容を越えたゲシュタルトや構造として捉えられているからに他ならない。あるいは身体図式において、これらさまざまな感覚や運動が等価関係に置かれることによって、それらに共通な一つのゲシュタルトや意味が浮き彫りにされているのである。したがって身体図式は、さまざまな感覚や運動を結びつけることによって、ゲシュタルトを浮かび上がらせる機能をもつものなのである。すでに『行動の構造』において示されたように、メルロ＝ポンティによれば、知覚とは、知覚領野のうちにゲシュタルトや構造や意味を浮き彫りにするものである。知覚がおこなわれる際には、われわれがそれと意識しないうちに「風景の形態化(Gestaltung)」がおこなわれて、知覚領野の地の上に一定の輪郭が図として浮き彫りにされ、こうして「感性的なものに一つの意味を滲透させる始元的作用」がおこなわれるのである。

そしてメルロ＝ポンティによれば、知覚において示されるこのようなゲシュタルトや意味は、身体図式において示されるゲシュタルトや意味の一つの側面にすぎないのである。つまり身体は世界に対してまずもって一つの姿勢をとるのであって、この姿勢がもつゲシュタルトや意味は、知覚領野の構造としても、筋肉運動の構造としても、同じように現れて、互いに変換され、翻訳されるのである。そして身体のさまざまな知覚や運動をこうして一つのゲシュタルトや意味にまとめているのが身体図式なのである。「結局のところ、私の身体が一つの〈形態〉であり、それを前にして未分化の地の上に特権的な図形が浮かんで来ることができるのも、私の身体がその任務によって分極化されているからであり、それがその任務の方に向かって実存しているからであり、それが自分の目的に到達するために自分自身を収縮させているからに他ならないのであって、つまりは〈身体図式〉とは、私の身体が世界内存在であることを表現するための一つの仕方だというわけである。」

身体図式と芸術様式

身体図式において浮き彫りになるこのような形態《ゲシュタルト》や意味は、芸術作品がもっている様式《スタイル》に似ている、とメルロ＝ポンティは考える。「……身体が比較され得るのは、物理的対象に対してではなく、むしろ芸術作品に対してだ、ということになる。」たとえば、セザンヌの絵画は独特のスタイルを帯びている。それは、カンヴァスに塗られた絵具という地から浮き上がってくるものであって、絵具の模様に受肉しており、そのカンヴァスをセザンヌの絵画という「不可分の個体」にまとめているものであるが、同時にそれはカンヴァスの上のすべての色彩と絵筆の動きのうちにも認められるものなのである。同じように小説家スタンダール（一七八三〜一八四二）の小説は無数の文から成り立っているが、全体としてスタンダール独特のスタイルを示している。そしてこのスタイルは、逆に彼の小説のどの文章のうちにも認められるのである。あるいは歴史上のある社会やある一定の芸術様式も、同じように全体として一つの独自なスタイルを浮かび上がらせるのであって、しかも逆にそのスタイルは、その社会のあらゆる分野に認められ、またその芸術様式に属しているあらゆる絵画や彫刻や貨幣や服装のうちに同じように認められるのである。メルロ＝ポンティによれば、身体図式によってもたらされるのは、身体が表現しているこのようなスタイルであり、身体のすべての所作に共有されているゲシュタルトあるいは意味であり、これらすべての所作を一つの意味にまとめている構造なのである。

身体の「沈殿作用」

身体が世界のうちで行為する際に浮き上がらせるこのゲシュタルトは、多くの場合、無意識の領域に属している。なぜなら、すでに述べたように、身体の生活は基本的に無記名で非人称的だからである。身体図式において示されるゲシュタルトの多くのものは、個体としての私の誕生以前から遺伝的に受け継がれたものであり、その意味では「私の実存は個人以前のある伝統の繰り返しである。」そしてそこで働いているのは、身体だけが知っている「暗黙の、あるいは沈黙した知識」なのである。あるいはこのような身体に支えられたものとしての「意識とは、原初的には〈われ惟《おも》う〉(je pense que) ではなく、〈われ能《あた》う〉(je peux) である」と言わねばならない。また私が最初は意識的におこなった行為も、その行為のゲシュタルトがひとたび身体図式において獲得されるならば、それからは習慣化された行為として無意識のうちにおこなわれるようになるのである。こうして身体には「一種の沈殿作用」があり、身体のこの作用をもとにして「私の習慣的な世界内存在」が形づくられるのである。こうしてみれば、「……身体は……始元的な習慣であって、他の一切の習慣を条件づけ、それらを了解できるものとする習慣である。」

精神分析学の摂取

私の意識的な生活の根底には、非人称的な身体が営んでいるこのような無意識の習慣的な生活があるということから、メルロ＝ポンティは幻影肢の現象を説明する。幻影肢の現象においては、手足を切断された人間が、失われた手足に現実にはありえない痛みや痒《かゆ》みの感覚をもつ。メルロ＝ポンティによれば、これは、人間の身体が無意識の層において「一般性の様相のもとに、一つの非人称的な存在として」機能しているために起こる症状である。つまりすべての人間は、普通の五体満足な身体という非人称的な習慣的な身体がおこなう多くの無意識の習慣的な行為に支えられて生活している。したがってある特定の個人の手足が切断されて、この個人にとってはこの非人称的な習慣的な身体の身体図式が有効でなくなった後も、彼はある意味ではこの無記名の一般的な身体図式にしたがって生活しようとし、そのことが幻影肢の現象

フロイト

として現れるのである。このような事例は、身体がその非人称的な機能によって人間を現実の状況から逃避させる能力をもっていることを示している。

　ここからメルロ＝ポンティはフロイトの精神分析学の研究成果を批判的に摂取する。メルロ＝ポンティによれば、フロイトこそは、人間の意識的な実存とその身体の匿名の生活とのこのような往還運動を精神病理学の見地から明らかにしたのであった。すなわちヒステリー患者の症状が示していることは、患者は状況に対して意識的に自らの責任で対処するかわりに、身体が営む非人称的な匿名の生活のなかへ後退してしまい、状況への不満や怒りをこの身体の病的な症状として無意識的に表現しているということである。幻影肢においては患者は、手足を切断されたという事実を受け入れたくないという気持ちを怒りや忿懣《ふんまん》として直接に表明するかわりに、失われた手足についての幻覚をもつというかたちで間接的に表現している。それと同じように、たとえば恋人と会うことを母親から禁止されて失声症（aphonie）に陥った少女は、そのような仕打ちに断固抗議してすべての人間関係を拒否するという彼女の決意を、そのようなものとして高らかに表明するかわりに、彼女の身体の病的な症状として表現しているのであり、そのことによって彼女自身の意志表明について責任を負うことを避けているのである。これは、身体的生活という一般性を利用して自分自身を欺くという「形而上学的欺瞞」に他ならない。こうして人間は身体において非人称的な生活を営んでいるかぎりでは、意識的な実存を放棄して、身体を「人生の隠れ場所」として、その「無名の生活のなかに閉じこもること」ができるのである。このようなわけで、メルロ＝ポンティによれば、フロイトの精神分析学は、無意識のこの身体的生活の広大な領域を発見し、さらにこの身体的生活の意味を解読しようとすることによって、ゲシュタルト心理学やフッサール現象学と同じような方向で人間学に貢献したのである。

身体と世界との応答
——聖体拝領《コミュニオン》

ただし、身体という一般性が営むこの匿名の生活は、私が世界に対して病的に身を閉ざして「状況から身をもぎ放つ」ように仕向けるだけではない。むしろこの身体こそが私を世界に対して開き、世界において状況に直面して人間として生活することを可能にする基礎であり、土台なのである。

すでに述べたように、身体は一つの身体図式あるいはゲシュタルトとして世界に対して一定の態度をとり、すべての身体部位の諸感覚を一つの意味へと統合する。したがって、たとえばある色彩の感覚は、触覚や聴覚などの諸感覚やさまざまの運動感覚に瞬時に翻訳され、身体のすべての感覚のうちに一つのゲシュタルトを浮き上がらせ、一つの態度や行為を引き起こすのである。こうして私の身体は、絶え間なく押し寄せてくる世界のさまざまなものに対して、すべての感覚をもって対応するのである。そして身体のこのようなすべての働きは意識によって制御されうるものではなく、むしろこの無意識の身体的生活が意識を可能にしているのである。そこでおこなわれているのは、世界と私の身体との応答である、とメルロ＝ポンティは考えている。「われわれの感官が物に問いかけ、物が感官に答える」のである。あるいは身体の運動をともなった「一切の知覚は一つの交《コミュ》わり《ニカシオン》（communication）もしくは合体《コミュニオン》（communion）であって、われわれの身体と物とがいわば対になることなのである。」

学生時代にメルロ＝ポンティはカトリックの信仰告白をおこなって聖体拝領《コミュニオン》をおこなったが、彼は「感覚の主体と感覚されるものとの間のこうした交換」のことをまさに聖体拝領と呼んでいる。彼は次のように言っている。「私は私の身体の一部を、あるいは全身をさえ、青または赤であるところの空間を振動させ充満させるあの仕方にゆだねるのだ。ちょうど秘蹟が感覚的な形色《けいしょく》（espèces sensibles）のもとで恩寵の操作を象徴化するばかりでなく、神の実際の現前でもあって、それを空間の一部に位置づけ、またそれを、聖なるパンを食べる人たちに――彼らが内面的に準備されている場合に――伝達するのと同じように、感覚的なものは運動的および生命的な意味をもつばかりでなく、世界内でのあるあり方に他ならないのであって、この世界は、もし可能ならばわれわれの身体がとりもどし引きうけるところの、空間の一点からわれわれに提供されるものなのである。つまり、感覚は文字どおりコミュニオン〈聖体拝領＝共生〉に他ならない。」

言語の成立

身体が感覚によって世界との間に確立するこの盲目的な共生《コミュニオン》、共存《コエグジスタンス》、共感《サンパティ》から言語が成立してくる、とメルロ＝ポンティは考える。つまり彼は言語というものを身体の機能として示すのである。経験主義によれば、言語とは、「外的刺戟《しげき》が神経機構の法則にしたがって引き起こした興奮」にもとづく分節化された音声にすぎないとされ、主知主義によれば、言語とは、意識が自らの思考を伝達するために用いる「空虚な外皮」にすぎないとされている。これに対してメルロ＝ポンティによれば、言語とは、身体が身体図式を用いて世界に対しておこなう応答の一種に他ならない。つまり身体は世界に直面すると、身体図式にもとづいて全体的な知覚的・運動的な対応をおこなうのであって、そのうちの一つとして人間の身体は音声を発するのである。そして身体図式は一般に知覚や運動において一定のゲシュタルトや意味を浮かび上がらせるように、身体図式を用いて世界に応答する身体が発する音声もまた一定のゲシュタルトや意味をもつのであって、このように構造化された音声が言語なのである。こうして知覚領野の地の上に図が浮き彫りになり、身体図式の作用によって身体の行動からはスタイルやゲシュタルトが読み取られるのと同じように、「思惟の身体」としての言語もまた音声的な要素から意味を浮き上がらせるのである。言葉が意味をもつということは、このようなことである。

メルロ＝ポンティによれば、言語とは、「人体が世界を祝祭するための、そしてけっきょくはそれを生きるための……仕方」である。そして一台のピアノが無限にさまざまな音楽を演奏することができるように、身体もまた世界をさまざまな仕方で唱《うた》い祝祭することができるのであって、このことが諸民族の間にさまざまな所作と言語をもたらしているのである。たとえば「日本人は怒ると微笑するが、西洋人は赤くなって足を踏み鳴らしたり、あるいは色蒼ざめて口角泡を飛ばす」ように、世界に応答する身体図式は民族によってさまざまに作用するのであって、その一環として言語もさまざまなのである。ただしここでも身体は「始元的な習慣」として、これらの所作や言語表現を沈殿させ、凝固させ、習慣化する。そして身体が無記名の一般性として営むこの匿名の生活によって、言語は制度化されて、伝統的な公共の言語となり、ちょうど習慣がわれわれの意識的な行為を支える土台となるように、われわれの意識的な言語表現を支える基礎となるのである。

私と他者の「意思疎通《コミュニケイション》」

身体における「一般的かつ前人称的な実存」の様相がこのように明らかになれば、他者の問題もまた新しい解決を見出すことになる。デカルトの著書『省察』によれば、私がいまこの窓から見ている他者とは、実は帽子やオーヴァーにすぎず、その下にはもしかすると幽霊やゼンマイ仕掛けの人形が隠れているのかもしれないのであって、それにもかかわらず私は、そこに他の人間がいるとたんに判断しているにすぎない。このような立場に立てば、他者の心を理解するということは、まず他者の身体の動きを知覚して、そこからそれに類似した自分の身体の動きを思い出し、さらにそのような動きに付随していた私の思考や感情を思い出し、最後にそこから他者の心を類推して仮定するというようなおそろしく複雑な知的操作になるであろう。

しかしメルロ＝ポンティによれば、他者は私によってこのように理解されるのではない。すでに述べたように、私の身体は一般的で無記名の生活を営んでいる。そしてこの身体の前人称的な水準においては、人間は類型的で一般的な行為をおこなうのであって、それゆえに「（ロシア革命時の）ニコライ二世は、（フランス革命時の）ルイ一六世の語った言葉まで模倣して、新政権に直面した時、既成政権が果たす、すでに記載ずみの役割を演じたのである。」このように身体においては、私と他者の区別はまだなく、われわれはたんに一般的な「ひと」として生活している。身体のこの一般性が他者理解や他者との意思疎通《コミユニケイシヨン》を可能にするのである。つまり他者の「この生きた身体が私の身体と同じ構造をもって」おり、この身体に関しては他者は「第二の自己」であるがゆえに、「……私の身体は他者の身体のうちにおのれ自身の意図の奇蹟的な延長のようなもの、つまり世界を扱う馴染みの仕方を見出すのである。」

そしてさらに、すでに述べたように、身体には、さまざまな身体部位の活動に共通のゲシュタルトを与えて等価関係にもたらし、それらを一つの全体的なゲシュタルトにまとめる身体図式の機能がある。このように身体が「等価関係と転換との完全にできあがった一体系」であるがゆえに、身体は、たんにそれ自身のさまざまな部位の間に等価関係を形成し、ゲシュタルトを伝達し翻訳するだけではなく、さらに他者の身体との間にもゲシュタルトや意味を伝達して等価関係を形成できるのである。「……ちょうど私の身体の諸部分が相寄って一つの系をなしているように、他者の身体と私の身体もただ一つの全体をなし、ただ一つの現象の表裏となる」のである。このように私の身体と他者の身体が身体図式によってまとめられて一つの意味を共有することを、われわれは意思疎通《コミユニケイシヨン》と呼んでいるのである。

身体にもとづく自由

メルロ＝ポンティによれば、一般に自由と呼ばれるものもまた、身体のこの前人称的な一般的生活を基礎にして初めて可能となるものである。『行動の構造』においては、物理的秩序と生命的秩序と人間的秩序が重層構造をなし、下位の秩序の地の上に上位の秩序が図として現れ、下位の秩序が身体として機能して上位の秩序を心として成立させると論ぜられた。それと同じように、ここでも、身体が営んでいる習慣的で容易に変更できない前人称的な生活を基礎にして、その上に初めて個人的で意識的で自由な生活が可能になる、と彼は論ずる。したがって人間は、身体をもっているかぎり完全に自由ではあり得ない。たとえば、幼少の頃に受けたある種の精神的影響はその人間のその後の生活を決定的に規定してしまって、彼はいくら努力してもその影響を払拭《ふっしょく》できなくなってしまう。また、たとえば「二〇年間それに満足してきた劣等コンプレックスを私が瞬時に打ち壊すなどということは、〈あまりありそうにない〉」し、またブルジョワジーやプロレタリアートといった階級の習慣化された生活スタイルをもって生活している諸個人は、つねにその階級の独自の感情や思考をもって生活せざるを得ないのである。こうして「始元的な習慣」としての身体は、人間の行動を凝固させ、沈殿させて、自由な行動を不可能にしてしまう。

しかし、メルロ゠ポンティによれば、他方ではこの「始元的な習慣」としての身体が人間の自由を可能にしているのである。なぜなら一台のピアノがほとんど無限に多様なメロディを演奏しうるように、われわれの身体の身体図式もまたほとんど無限に多様な意味を「分泌する」ことができるからである。「……意味する――、つまり、ある意味を捉えると同時にそれを伝達するという――この開かれた、無限定の力」を身体はもっているのであって、そのために新しい意味の創造がつねに可能なのである。こうして知覚においては、「知覚の天才」が作用することによって、現象野が新しいかたちに構造化されて、新しいゲシュタルトが浮き彫りになってくる。また習慣化され制度化された言語という「……既得物から出発して、真正な表現に属する他の諸行為――作家や芸術家や哲学者の表現行為――が可能となる」のである。したがって人間はつねにすでに何物かであって、身体的生活がもたらす事実的状況のうちにしっかりと組み込まれているが、この状況を主体的に「引き受ける」ことによって、「おのれの過去を取りあげ直し、変形し、その意味を変えてしまうのである。」たとえばスペインの画家エル＝グレコ（一五四一〜一六一四）は乱視であったために細長い身体を描いたとされるが、その場合には眼の機能障害は彼によって引き受けられて、彼独自の芸術的スタイルを自由に創造するための土台として意味づけられたのである。そしてメルロ＝ポンティと似た幼少期を体験したダ＝ヴィンチも、彼自身の偶然的な家庭環境の決定的な影響を、芸術家・科学者としての生活のスタイルへと統合したのである。

エル＝グレコの絵画
「使徒聖アンデレと聖フランチェスコ」

こうして「おのれの生に関してなす選択はつねにある所与を土台にしてなされる。私の自由は私の生をその自然的意味からそらせるわけだが、それはまずその意味を背負いこみ、一連の地すべり的移行によってなすのであって、決して絶対的創造によってなすわけではない」のである。デカルトにおけるように、物質の必然性に対して精神の絶対的な自由が対置されるわけではないし、サルトルにおけるように、即自（en soi）としての物の惰性に対して対自（pour soi）としての意識の絶対的な自発性がぶつかるわけではない。自由は身体の習慣の必然性を基礎にして初めて可能なのであり、人間における自由で意識的な実存は、言わば「身体の仕上げ」なのである。

私とは私の身体

この『知覚の現象学』において、メルロ゠ポンティは、世界内存在としての人間を身体という現象から徹底的に分析してみせた。彼によれば、まさに「私とは私の身体」であった。デカルト以来の近代哲学は、一方では「内面なき諸部分の総和」としての物体である身体と、他方では「自己自身に全的に現前する」透明な主観としての精神を仮定して、この二つの全く異質な存在形態から人間と世界を説明しようとしてきた。これに対してメルロ゠ポンティは、身体という物でも心でもない両義的な存在として人間を捉えることによって、このデカルト主義を完全に乗り越えることになった。身体というごく身近なものが、これほど詳細に解明されたことは、ほとんどなかったことであった。

歴史と身体

「生の未完結性」への着目

歴史についてのメルロ＝ポンティの思想は、身体と知覚についての彼の理論から導き出されている。すでに述べたように、人間は神のように世界の外の視点や偏在的な視点から世界を眺めているわけではない。人間は身体をもって世界の中に位置を占めて、その場所から世界を眺めている。したがって人間にとっては世界は、「何の襞《ひだ》もない」透明な対象として与えられるのではなく、つねに隠れた面をもって徐々に開示されてくる遠近法的展望《パースペクティヴ》として与えられている。

このように地平と厚みをそなえた世界を認識しようとするわれわれの知覚は、この世界のうちに意味やゲシュタルトを発見しようと努力するが、その時に浮き彫りになってくる意味やゲシュタルトは、徐々にしか明らかになってこないものであって、しかもつねに不完全で未完成なままにとどまる。こうして知覚のパースペクティヴ性や地平構造は、世界の意味が無尽蔵であって、決して完全には捉えられないことを示しているのである。そうだとすれば、ある人間の行為やそれらの行為の総体としての彼の人生の意味もまた、決して完全には明らかにならないということになる。なぜなら、ある人間の行為や生涯や作品の意味は、つねに一定の歴史的なパースペクティヴのもとで捉えられ、しかもこのパースペクティヴそのものが歴史の流れとともにつねに変化しつづけるからである。したがってある人間の生涯の意味は、棺《ひつぎ》を覆っても定まりはしないし、歴史の終局に想定される最後の審判によって決定されるものでもない。そのように歴史的な事柄の意味が完全に明らかになるような神的な視点を想定することは、「上空飛行的思考」のなせる業《わざ》なのである。

このようにメルロ＝ポンティは、知覚の未完結性を初めとして、一般に「生の未完結性」に注意をうながす。また彼が他の哲学者の思想に接する態度もここから出てくるのであって、彼は他の哲学者の思想のうちに萌芽的に潜在的に含まれている意味をさらに発展させるような読み方をつねにおこなうのである。それゆえに彼は、歴史のなかで今も徐々に「生成するベルクソン像」について語ったり、あるいは「デカルトは、この道を最後まで辿ってはいない」と考えて、そのかわりにその思索の道をさらに辿ろうとしたり、また「フッサールの〈考えないでしまったこと〉」について自ら考えようとするのである。

「歴史の曖昧さ」

このように歴史の意味は本質的に未完であるということが、一九四七年の著書『ヒューマニズムとテロル』を支えている基本的な立場である。メルロ＝ポンティによれば、「我々は完結した歴史の観客ではなく、未来に開かれた歴史の中の俳優である。」そして歴史が未来に向かって開かれているかぎりでは、そこには「方法的推測に関係することしか存在せず、絶対的知識は存在しない」ことになる。したがって人間は歴史的状況のなかで、「未来に伸ばすべき多くの事実の線」のなかから、相対的に正しい行為を可能にするようなゲシュタルトを何とか読み取って、それにしたがって行為しようとする。しかしたんに粗描されているにすぎないこのゲシュタルトは、時間が経過して新たなパースペクティヴが与えられてくるにつれて、その相貌を刻々と変化させ、多くの場合には行為者の期待を裏切るような新しい意味を帯びて変化していく。そしてそうなれば、彼の行為は、彼自身が最初にそれに与えた意味とは食い違う意味を帯びることによって彼を裏切るのである。

われわれが日常的に経験しているこのような「歴史の曖昧さ」は、極限的な状況では悲劇をもたらす、とメルロ＝ポンティは考える。一九四〇年のフランスの敗戦はそのことの実例をもたらした。平和な時代にあっては、この「歴史の曖昧さ」は国家の法律によって大いに和らげられていた。そこでは法律にしたがった行為は正しい行為であるとされ、行為者はそのような行為について後で責任を問われるということはなかった。しかしドイツ軍の占領が始まるとともに、フランス人は、「形式的適法性」にしたがってドイツ軍やヴィシー政府に協力するか、それとも「道徳的適法性」にしたがって「抵抗運動《レジスタンス》」に参加するかの選択を迫られたのであった。状況の意味は曖昧であり、「ルビンの杯《さかずき》」の絵のように両義的なゲシュタルトを浮かび上がらせていた。すなわち一方では、ドイツの支配は永続的であって、「対独協力《コルボラシオン》」こそがフランス人とフランス文化を守る道であるようにおもわれた。しかし他方では、ドイツは急速に敗北と破滅に突き進んでいるようにおもわれ、たとえ多大の犠牲を支払っても「抵抗運動《レジスタンス》」こそがフランスを堕落と破壊から救う道であるようにおもわれた。こうしてフランス人の歩んだ道は大きく二つに分かれた。そして歴史の進展によってようやく、対独協力者が歴史的状況のうちに読み取った意味は誤りであり、抵抗者が読み取った意味は正しかったことが、とりあえず明らかになったのであった。その結果として、一九四四年の解放後になって戦犯の処刑や追放がおこなわれた。「善人であろうと悪人であろうと、正直であろうと欲得づくであろうと、……協力派はレジスタンス派にとって裏切り者であり、したがってレジスタンス派が勝利を占める時においては客観的ないし歴史的に裏切り者なのである。」ヴィシー政府の中枢を担って「対独協力」を選択した人々でさえ、必ずしも「個人的な悪だくみ」や「権力や名誉や金銭を望んだことから」彼らの選択をおこなったわけではなかった。彼らの多くは、状況判断において誤ったのであり、歴史の進展そのものによって裏切り者の烙印《らくいん》を押されたのである。「歴史の中には一種の呪文のようなものがある。歴史は人間たちをそそのかし、誘惑し、彼らは歴史の進む方向に進んでいると思っている。するといきなり歴史は仮面をはぎ、事件は変化し、その事実によって別のことが可能であったことを証明するのである。」

「主観的潔白と客観的裏切り」

メルロ＝ポンティはこのように一九四〇年の敗戦と「抵抗運動《レジスタンス》」の歴史的な経験をふまえて、一九三八年のモスクワ裁判を捉えようとする。ブハーリン（一八八八～一九三八）らロシア革命を指導した共産党員たちが国家反逆罪で告発されて処刑されたモスクワ裁判の戦慄的な場面を描いたケストラーの小説は、共産主義の暗黒面を暴露したものとして、戦後のフランスにおいて反共宣伝の恰好の教材とされていた。しかし実はこの裁判でおこなわれたのと同じことを、フランス人はパリ解放後の戦犯裁判でおこなったではないか、とメルロ＝ポンティは問うのである。彼によれば、「モスクワ裁判は、通常裁判として表された革命裁判である。」一九四〇年から四四年にかけてドイツ軍やヴィシー政府に協力した者は、後になってその主観的意図の如何《いかん》にかかわらず、すべて反逆者として裁かれたように、ブハーリンもまた、ロシア革命の成果を守ろうとするその高潔な意図にもかかわらず、歴史の進展が彼の予想とは違っていたがゆえに、革命を裏切る者として裁かれたのである。「欲得ずくでなかった協力派の裁判と同様に、モスクワ裁判は、主観的潔白と客観的裏切りの劇であろう」、と彼は考えるのである。そして処刑されたブハーリン自身が、自らの主観的意図とは関わりなく、自らの行為は客観的には裏切りであったと認めているのである。つまり「彼は彼の活動の源に、情勢の展望についてのある種の評価を置き、与えられた状況のなかで闘争の論理によって、この評価の結果が事実上反革命であったこと、したがって彼は歴史的裏切りの責任を負わなければならないことを示す」のである。

「政治思考の退行」の克服

「我々の行為を我々が知らないために、我々はみんな有罪でもあり潔白でもあるという」歴史の曖昧さは、メルロ＝ポンティによれば、人間にとって本質的なことである。人間が身体をもって世界のなかの一点から世界を眺め、それゆえに世界は人間にとってパースペクティヴのもとで地平構造をもって現れるかぎり、人間はこのような歴史の曖昧さから脱却することは決してできない。このような状況においては人間の行為は、曖昧さのなかでつねにある一つの可能性に賭けるという「根源的企投」とならざるを得ない。しかし人間は往々にしてこの根源的な曖昧さを直視せずに、ある「政治思想の退行」に身を任せることになる。すなわち人間は、一方では自分たちの行為を完全に外側から見てその客観的な結果だけからその行為を判断しようとするか、あるいは他方ではそれを完全に内側から見てその主観的な意図だけから判断しようとするのである。そして『零《ゼロ》と無限』の著者ケストラーが一九四五年に出版した評論集『行者と人民委員』にしたがえば、前者は人民委員《コミッセール》（Commissaire）の立場であり、それはまたモスクワ裁判における検察側の立場であった。後者は行者《ヨギ》（Yogi）の立場であって、ブハーリンのようなマルクス主義者はさすがにこの立場に支えを求めはしなかったが、ヴィシー政権を支えたペタンやラヴァルはこの立場から自らの主観的な意図の潔白さを根拠にして無罪を主張したのである。

すでに述べたように、メルロ＝ポンティは、人間の心を客観的世界のなかの一つの出来事にしてしまう実在論と、自分の心を世界の外へ括《くく》り出して、世界全体を構成する主観へとこの心を神格化してしまう批判主義を、いずれも「上空飛行的思考」として批判してきた。そしておそらく彼によれば、近代哲学のこれら二つの立場には、行者《ヨギ》の立場と人民委員《コミッセール》の立場というこれら二つの政治的小児病が対応しているのであって、行者の立場は批判主義に連なり、人民委員の立場は実在論に連なっているのである。つまりこれらの立場はいずれも、知覚のパースペクティヴ性とそれにもとづく歴史の曖昧さに眼をふさいでいるのである。このようなわけで、『行動の構造』や『知覚の現象学』において実在論と批判主義の双方を乗り越えようとしてきたメルロ＝ポンティは、ここでも行者の立場と人民委員の立場という二者択一を克服しようとする。したがって『ヒューマニズムとテロル』は、たんにモスクワ裁判を「主観的潔白と客観的裏切り」との相克の悲劇と捉えることによって共産主義を免罪しようとする弁護論ではない。むしろ彼はこの著作において、彼自身の哲学にしたがってこのような「政治思想の退行」を乗り越えようとしているのである。

マルクス主義の発展的解釈

メルロ＝ポンティによれば、マックス＝ヴェーバーは歴史のうちに理念型《イデアル・テイプス》というゲシュタルトを発見することを歴史学の課題と見なし、そのことによってすでに実在論と批判主義の二者択一を克服しようとしていたが、それと同時にヴェーバーはこの行《ヨ》者《ギ》と人民委員《コミッセール》の二者択一をも乗り越えようとしていた。すなわちヴェーバーは、彼の論文「職業としての政治」のなかで、「意図によってではなく、行為の結果によって裁く〈責任のモラル〉と、

マルクス

結果の如何《いかん》にかかわらず善を価値の無条件の尊敬のなかに置く〈信仰のモラル〉あるいは〈意識のモラル〉との間」の葛藤についてきわめて鋭い理解を示しているが、しかしこれら二つの間で「マックス＝ヴェーバーは選択を拒否する」のである。

ただしモスクワ裁判をおこなったソ連の共産主義者たちこそ、何よりもまずこの主観と客観との間の悲劇的な葛藤を乗り越えようとすべきだった、とメルロ＝ポンティは考える。なぜなら彼によれば、共産主義者たちが拠り所としているマルクス（一八一八～八三）の歴史理論こそは「主観と客観との二者択一の克服」を目ざし、また多くの場合それに成功してきたからである。ところが共産主義は政治思想の退行によっていつしかこの二元論に逆もどりしたのであって、そのためにモスクワ裁判を指導した共産主義者たちは、「マルクスによってよりも遥かに多く一種の科学的社会主義によって」導かれていたのである。したがって、「歴史をその形成において読み取り、主観的狂気と運命愛から等距離にある決定によって、その指示するところを伸ばした一九一七年の偉人たちの身につけていたマルクス主義的な術」は、そこでは失われていたのである。

メルロ＝ポンティは、マルクスの思想をこのようなものとして理解しようとする。彼がさまざまな著作のなかで述べているように、彼にとってマルクス主義とは、ゲシュタルト心理学やフッサール現象学やフロイトの精神分析学と同じような方向性をもった思想なのである。マルクスの功績は、何よりもまず、歴史過程というものを、あたかも身体をそなえた人間のように捉えたところにある、とメルロ＝ポンティは考える。マルクスの歴史観によれば、「法律観、道徳、宗教、経済構造は、社会的事象の〈統一体〉のなかで互いに意味し合っており、それはあたかも、身体諸部分が一つの所作の〈統一体〉のなかで互いに含み合い、あるいは、〈生理的〉・〈心理的〉・〈道徳的〉な諸動機が、一つの行動の〈統一体〉のなかで互いに結び合っているのと相等しい」のである。そしてマルクスの唯物史観において、諸個人の物質的生活の生産様式という下部構造が政治や法律や宗教のような精神生活の上部構造を規定すると言われる時、その意味するところは、人間は身体において前人称的な一般的生活を営んでおり、人格的で意識的な生活はこの身体的基礎の上で初めて可能である、というのと同じことなのである。こうしてメルロ＝ポンティによれば、「歴史は身体のあり方で存在しており、歴史は身体の側にある」ということを最初に明らかにしたのがマルクスなのである。

　このようなものとしてのマルクス主義は行者《ヨギ》と人民委員《コミッセール》の二者択一には陥らないだろう、とメルロ＝ポンティは考える。なぜなら、人間は個人としてだけでなく社会としても身体をもってその歴史を刻んでいくとすれば、かりに人間が個人の視点を越えた社会全体の視点に立ったとしても、人間は世界を知覚する際のパースペクティヴ性を脱却できないし、歴史の曖昧さを払拭《ふっしょく》できないのであって、「歴史の身体」を発見したマルクス主義はそのことを肝に銘ずるだろうからである。したがってマルクス主義は、「……歴史は意味をもっている」と考えて、「未来が何らかのかたちで現在のスタイルのなかに素描されて」いるのを発見しようとするが、一方では歴史のパースペクティヴが刻々と変化するにつれて当初の行為の方向を絶えず変更して新たな可能性を探るのである。こうして諸個人の見通し《パースペクティヴ》をつねに裏切る歴史の曖昧さを運命や宿命にまで高めて、諸個人の誤った意図や行為を犯罪として処罰することが歴史の暴力《テロル》だとすれば、主観と客観との間をこのように自在に往復するマルクス主義はヒューマニズムとしてそれに対置されるべきものなのである。

弁証法の冒険

『ヒューマニズムとテロル』に収められた諸論文は一九四六年から四七年にかけて「レ・タン・モデルヌ」誌に掲載されたが、この時期のメルロ＝ポンティは、フランス共産党を中心とする左翼勢力が戦時中のレジスタンス綱領にもとづいてフランスを社会主義化するという可能性に賭けていた。あるいは彼のマルクス主義的な歴史分析によれば、このような可能性が歴史の意味としてフランス社会から読み取られたのであった。ところが東西の冷戦のうちにフランスは呑み込まれてしまい、そのうちに「抵抗運動《レジスタンス》」の推進力は枯渇《こかつ》し、しかもその間に専制国家に変貌したソ連は一九五〇年になって朝鮮半島で熱い戦争を開始し、こうしてヨーロッパでもソ連の軍事侵攻は不可避とおもわれる情勢となった。したがって、メルロ＝ポンティが力説してきた歴史の曖昧さは、彼自身に対しても証明されたのであって、彼が戦後すぐに発見したと信じた未来の輪郭は、歴史の新たなパースペクティヴのなかで誤りであったことが明らかになったのである。この苦い経験はサルトルとの間に決定的な対立をもたらすことになった。そしてこの理論的な挫折についての総括が、一九五五年に出版された『弁証法の冒険』に他ならない。

人間は身体をもっており、しかもこの身体はつねに無意識の匿名の生活を送っているがゆえに、人間の行為や歴史の歩みは多かれ少なかれ無意識のうちに「夢遊病者のようなしっかりした足どりで」進む。そのようなわけで、個人の生涯や歴史過程はつねに偶然的で、行きあたりばったりに(à l'aventure) 進むのであって、その意味で「歴史の企てはすべて……冒険《アバンチュール》(aventure) の部分を含んでいる。」しかもさらに、人間は身体をもっているがゆえに、このような人間が歴史のなかで行為する際におこなう知覚もまた、つねにパースペクティヴ的であって、「開かれそして未完結な意味」しか与えないのである。こうして、歴史という客観性と、その意味を捉えようとする主観性との間にはつねに不一致や食い違いが現れざるを得ないのであって、この「弁証法の冒険」についての自らの経験をメルロ＝ポンティは書きとめようとするのである。

マックス＝ヴェーバーの「政治参加」

『弁証法の冒険』の第一章はマックス＝ヴェーバーに捧げられている。そしてメルロ＝ポンティは、当時のフランスの学界にようやく知られるようになったばかりのヴェーバーの「プロテスタンティズムの倫理」に関する学説を紹介した後で、第一次世界大戦と一九一八年から一九年の革命期におけるヴェーバーの政治参加について論じている。そしてメルロ＝ポンティは、政治に参加する学者としてのヴェーバーの生涯に彼自身の生涯を重ね合わせているようにおもわれる。すなわち彼によれば、ヴェーバーは、「一つの主義主張に役立ったり、彼の人柄を目立たせるようなことは細心にその講義からのぞいたが、大学教授の政治参加には賛成した。」そしてメルロ＝ポンティ自身もまたそうだったのである。さらにこの政治参加で挫折した後のヴェーバーについてのメルロ＝ポンティの次のような評価は、おそらくは彼の自己評価でもある。彼は次のように述べている。「……一つの政党（ドイツ民主党）を樹立しようとしたとき、彼（ヴェーバー）はひどく簡単にしめ出されてしまったし、その研究に立ち返るのもまたひどくすばやかったので、人びとは、彼がその政党に大した執着をももたず、そこに乗り越えがたい障碍《しょうがい》を感じたのだと考え……始めているほどなのだ。けれども、この挫折はおそらく、人間ヴェーバーの挫折にすぎないのであり、たとえ彼がそれを実践にうつすことができなかったとしても、少なくとも一度は彼が素描してみせた政治的叡知は、おそらく無傷のままなのである。」

ヴェーバーが素描してみせたこの政治的叡知を厳密で首尾一貫した「歴史の了解の理論」にまで発展させたのが、ヴェーバーの弟子のゲオルク＝ルカーチ（一八八五～一九七一）のマルクス主義であった、とメルロ＝ポンティは考える。

ルカーチのマルクス主義

ユダヤ系のハンガリー人であったルカーチは、一九二三年の『歴史と階級意識』において、彼独自のマルクス主義を展開したが、それは、刻々と変化する歴史の意味を世界内存在の立場のパースペクティヴからつねに了解しようとする思想としてのマルクス主義であった。このようなマルクス主義は、歴史過程のゲシュタルトや意味を読み取ってそれを意識化し、そのことによってこの歴史過程自身が自らの目標を正しく意識的に追求できるようにするのである。その場合、このマルクス主義は、自分自身もまたこの歴史過程の一部分にすぎないことを自覚している。したがってここでおこなわれているのは、歴史過程自身が自らの過程の意味を、つねに変化していくパースペクティヴのもとで捉えようとする自己了解の努力なのである。こうして「あるのはただ一つの知、生成しつつあるわれわれの世界についての知だけであり、しかもこの生成がこの知そのものを包みこむのである。だが、このことをわれわれに教えてくれるのも、その知である。したがって、知が自らの起源を振り返り、おのれ自身の発生を捉え直し、知としての自己を、かつて出来事としてあった自己と同列に置き、寄り集まって自己を全体化し、自己についての意識たらんと目ざす瞬間があるのだ。この同じ総体が、前の連関から見れば歴史であり、後の連関から見れば哲学なのである。」

このようなルカーチの思想は、ヴェーバーの政治的叡知を発展させたものであるとともに、初期マルクスの思想のうちに生きていたヘーゲルの『精神現象学』の立場を復活させるものであった。つまり「それは、自己のうちに引きこもっているのではなく世界によって担われている現象する精神ないし客観的精神というヘーゲルの考え方をその具体的帰結にまで推し進めることであった。」そしてルカーチのマルクス主義のうちに含まれていたこのようなヘーゲル哲学の遺産を高く評価するということは、アレクサンドル＝コジェーヴが『精神現象学』に関する講義において、若きメルロ＝ポンティに教えたことであった。

「壊された弁証法」

ルカーチに始まるマルクス主義のこのような形態を、メルロ＝ポンティは「西欧マルクス主義（marxisme occidental）」と呼んだ。そして彼はこの西欧マルクス主義の系譜に連なろうとしている。しかしこのようなマルクス主義はソ連圏の正統派マルクス主義によって異端として厳しく排斥されることになった。メルロ＝ポンティによれば、一九一七年のロシア革命を指導したレーニン（一八七〇～一九二四）は、革命期にあっては彼の政治的実践において弁証法的思考の才能をいかんなく発揮したが、理論面においては一九〇八年の『唯物論と経験批判論』において典型的な実在論の立場をとり、これがソヴィエト＝マルクス主義の公認の教義となったのである。レーニンとともにロシア革命を指導したトロツキー（一八七九～一九四〇）

レーニン（壇上）とトロツキー（右）

もまた、やがて彼の比類ない「実践的センスと弁証法的センス」を失い、歴史過程のうちに浮き彫りになる曖昧な意味を読み取ろうと努力することをやめて、その意味を「暴力によって歴史から抽《ひ》き出してくる」という「主意主義」に陥ったのであった。こうして正統派マルクス主義のなかで弁証法は「壊された弁証法」になり下がったのであった。

すでに述べたように、デカルト的伝統にしたがえば、存在するものは「物として存在するか、それとも意識として存在するか、その何れかだという」ことになる。このうち前者に立脚すれば、実在論が現れ、これに対して後者に立脚すれば、批判主義が現れてくる。そして、メルロ＝ポンティによれば、これら二つの哲学的立場は、互いに補い合うものであって、どちらも「上空飛行的思考」にもとづいているという点で「近親性」をもっているのであった。それと同じように、このデカルト的伝統は、歴史の問題においても、互いに補い合う二つの対照的な立場をもたらす。すなわちその場合には、一方では「極端な客観主義」が現れ、他方では「極端な主観主義」が現れる。そしてメルロ＝ポンティによれば、このことは共産主義の歴史思考のうちに示されている。すなわちこの共産主義は、歴史過程がプロレタリア革命を経て自然必然的に共産主義社会をもたらすと考えている。その場合、このような歴史の客観的な意味なるものは、実際には共産主義者の意識によって世界に対して恣意的に与えられているにすぎないのであるが、いったん与えられてしまってからは、永遠に変わらぬ歴史過程の真理として客観化され、それにしたがって行動することが科学的社会主義の名の下におごそかに命令されるのである。こうして「科学的社会主義は、存在するものの反映、即自的な歴史過程の反映としてうって出ることによって、……自らに絶対知の座を与えると同時に、たしかに歴史のうちにありはするのだが深く隠されている意味を、暴力によって歴史から引き出してくる権限をも自らに与えるのである。たえず互いに相手を支え合っている極端な客観主義と極端な主観主義との混淆《こんこう》物——これがボルシェヴィズムの定義をなすもの」なのである。

サルトルの「ウルトラ・ボルシェヴィズム」

これと同じようなことが、共産主義と共産党の政治に対するサルトルの態度のうちにも現れている、とメルロ＝ポンティは考える。すでに述べたように、メルロ＝ポンティは一九五二年になってサルトルと決定的に対立して「レ・タン・モデルヌ」誌を去ったが、彼は、一九四六年から四七年にかけての「彼の仕事を続行している」サルトルのうちにこの「壊された弁証法」を発見したのであった。

メルロ＝ポンティによれば、サルトルは「立派なデカルト主義者」である。彼にあっては、世界は純粋に物として、あるいは即自（en soi）として存在しており、他方で心は純粋に意識として、あるいは対自（pour soi）として存在している。「見かけとは違ってサルトルは、この対自存在と、その不可避の相関者である純粋の即自存在以外のものを、決して認めなかった」のである。そしてサルトルにおいては、対自存在としてのこの意識の活動とは、「歴史との接触において自己を解釈し批判することではなく、……まるで自分を全面的に作り直すことができるとでもいうかのように、自分と歴史との関係を自ら創造し直すことであり、また全く彼の創意によって彼自身の歴史や公共の歴史に与えられる意味を絶対と見なそうと決意すること」である。しかし世界と歴史の意味を自らのうちから絶対的に創造しようとするこのサルトル的意識は、すぐさま共産主義の現実の政治に対する静観的態度に変わってしまう。デカルトにおいては、精神の絶対的な自由とは、たんに判断する自由にすぎず、物の秩序の必然性を正しく洞察する自由にすぎなかったが、サルトルにおける対自存在の絶対的自由もまた、「能力（puissance）とは何の関係もないものであって、実は判断の自由、鉄鎖につながれた奴隷の保持している自由なのである。」したがってサルトルの政治参加《アンガジユマン》とは、世界のなかに住みついて歴史の「開かれた未完成な意味」を読み取ってそれを歴史自身に意識させるという主観と客観との弁証法的運動ではない。むしろそれは、「つねに世界との……短い接触であり」、歴史の流れを手を拱《こまね》いて眺めながら、それをあれこれと判断し批判することにすぎないのである。サルトル的な意識は、歴史的な状況がいかに変化しても決して挫折しないが、そのわけは、この自由な意識が世界を決して現実に変革しようとはせず、世界を前にしてつねにこれを自由に判断し批判する権利を留保するにすぎないからなのである。こうしてソ連の共産主義あるいはボルシェヴィズムは、「極端な客観主義」を装った「極端な主観主義」なのに対して、サルトルの思想は、「極端な主観主義」を装った「極端な客観主義」であり、その意味で「ウルトラ・ボルシェヴィズム（ultrabolchevisme）」であると言えるのである。

サルトル批判の根底にあるもの

「上空飛行的思考」によって歴史を外から操作するのではなく、むしろ歴史そのものの内部でこの歴史の微妙な波動を間近に捉えようとしてきたメルロ＝ポンティは、マルクスやヴェーバーの思想を初めとして、そのような政治思想の伝統を跡づけてきた。彼が一九四七年の論文「モンテーニュの読み方」においてフランスの懐疑主義者モンテーニュ（一五三三～九二）について論じたのは、「霊魂と肉体の〈混合《メランジエ》〉」を領分としたモンテーニュが「人間のなかにある偶然なもの、未完成なものに注目した」からであったし、一九四九年の講演「マキアヴェリについての覚え書」においてイタリアの政治学者マキアヴェリ（一四六九〜一五二七）について共感をもって語ったのは、マキアヴェリが「世界における偶然性ないし非合理性に対する最も鋭い感覚と人間における良心ないし自由に対する愛好とを合わせもっている」からであった。そして『弁証法の冒険』のなかでメルロ＝ポンティがサルトルに対しておこなった批判は、メルロ＝ポンティの政治思想のこのような傾向にもとづくものであり、「上空飛行的思考」に対する彼の根本的な批判の一部をなすものである。またそこには、「サルトルがマルクス主義者であったことはただの一度もなかった」のに対して、メルロ＝ポンティの方は実際にマルクス主義の伝統を継承していたということが示されている。一八四八年の革命におけるマルクスや、一九二三年のルカーチのように、一九四五年から四九年にかけてのメルロ＝ポンティは、フランス現代史の推移のうちに実際に革命的な意味を読み取り、その意味を革命勢力の意識に伝えようとしていた。つまり彼は、世界そのものが革命的な意味を胚胎しているとおもわれた時にのみ、革命について語ることができたのであって、それは彼が実際に革命を目ざしていたからであった。これに対してサルトルは、戦後のフランスで革命的状況が去った後になってもなお共産主義への期待を語ることができるのであって、それはサルトルの思想が実は革命を目ざすものではなく、むしろ一切の歴史的状況を超越した知識人の思考の自由を証明することを目ざしていたからなのである。

言語と身体

ソシュール言語学――弁別と差異への着目

メルロ＝ポンティはすでに『知覚の現象学』において、身体が「一つの〈意味〉を分泌して、……それを受肉した他の主体たちに伝達する」という機能をもっていることを指摘していた。彼によれば、「身体こそが自らを示し、身体こそが自ら語る」のであって、言語は、身体のこの表現機能の一つの現れであった。そしてメルロ＝ポンティは、彼自身のこのような言語論と身体論をさらに豊かに発展させる展望が、ソシュールの言語学研究のうちに開かれているのを発見した。こうして彼は、一九四五年にリヨン大学に赴任した頃から、ソシュールの研究を本格的に開始し、ソシュール言語学の成果を自らの哲学のうちに統合し始めた。

メルロ＝ポンティは『行動の構造』から一貫して要素主義に反対してきた。たとえば、生きられた身体とは、互いに独立した諸部分が「外面的で機械的な関係」を結んでいる「部分外部分(partes extra partes)」としての対象ではない。生きられた身体とは、ある思考をもって世界に対して一定の姿勢をとるための身体図式をそなえたものであって、この身体図式によって身体の「未分化の地」の上に「特権的」な図形がゲシュタルトとして浮かんでくるのである。そしてこのようにゲシュタルトを浮き彫りにするものとしての身体とは、「全体が諸部分に先立つような現象」であった。

ソシュールの言語学もまた、要素主義や原子論に対して強く反対していた。ソシュールは、ある一つの言葉《モ》（mot）がそれ自体で独立してある意味をもち、このような独立した言葉《モ》が寄り集まって一つの国語《ラング》（langue）をなしているという考えに反対する。彼によれば、言葉《モ》はそれ自体では何も意味しない。ある一つの言葉《モ》は、その言葉《モ》とともに一つの言語体系《ラング》を構成している他の言葉《モ》との関係によってのみ何かを意味するのである。メルロ＝ポンティによれば、「われわれがソシュールから学んだのは、記号《シーニュ》というものが、一つずつでは何ごとも意味せず、それらはいずれも、ある意《サン》味《ス》を表現するというよりも、その記号自体と、他の諸記号との間の、意味の隔たり（écart）を示しているということなのである。」したがってある言葉《モ》ないしは記号は、それが他のすべての言葉《モ》や記号と取り結ぶ「側生的《ラテラル》な結びつき」によって、ようやくある限定された意味をもつようになるのである。たとえば、ある一定の色彩を意味する言葉《モ》としての赤は、橙《だいだい》や茶という言葉と区別されるかぎりで初めてその色彩を意味する。この場合にもしも国語《ラング》の体系がもっと単純になって橙や茶という言葉《モ》が存在しないとすれば、赤という言葉《モ》は橙や茶の色彩をも意味するであろう。逆に国語《ラング》の体系がもっと複雑になって、緋《ひ》や茜《あかね》といった言葉《モ》が赤の傍に現れてくるならば、赤という言葉《モ》は、これらの言葉《モ》との側生的《ラテラル》な関係によって、それまでよりもさらに限定された色彩を意味するようになるであろう。したがってソシュールによれば、フランス語や日本語のような「国語《ラング》は本質的に弁《ディア》別的《クリティク》であって」、無数の言葉《モ》の間にこのような弁別と差異を浮き上がらせる構造なのである。

国語《ラング》と身体の類縁性

こうしてソシュールによれば、国語《ラング》の体系という「全体が最初にくる」ことになる。まず最初に国語《ラング》という全体的な構造があって、各々の言葉《モ》はこの全体的な構造の構成要素としてこの構造から初めてその意味を受け取るのである。したがって、ソシュールが語る言語の「一体性とは、円天井の、互いに支え合った構成要素が形作っているような、共存的一体性である。」しかも国語《ラング》というこの全体的構造は、最初から完全にできあがったものとして与えられているのではない。もしある一つの言葉《モ》だけからなる国語《ラング》があったとすれば、それはそれとして一つの無差別な全体であって、その場合にはその言葉《モ》はそれだけで世界のすべてを意味することになり、したがって明確なことは何も意味しないであろう。この言葉《モ》とは区別されるさまざまな言葉が現れてくるにつれて、国語《ラング》の構造は徐々に複雑になり、内部に無数の襞《ひだ》を含むようになり、それにつれて個々の言葉《モ》はますますはっきりと限定された明確な意味を帯びてくるのである。したがって「この種の総体においては、国語《ラング》の、習い覚えられた諸部分が、直ちに全

フェルディナン＝ド＝ソシュール

体としての価値をもつのであり、進歩は、付加や対置による以上に、すでにそれなりに完全なある機能の内部的な分節化によってなされることにある。これはずっと以前から知られていることだが、子供の場合、言葉《モ》は、まず第一に、句として作用するものだ。そればかりか、おそらくある音素は、まず言葉《モ》として作用するものなのである。」生物の受精卵は、最初はたんに一つの細胞にすぎないが、分裂を繰り返していって、互いに区別された複雑な器官を内部に形成していき、最後には無数の細胞からなる複雑な有機体へと成長していくが、国語《ラング》は、このように発生する受精卵に似ていると言えよう。

ソシュールによって解明された国語《ラング》のこのような性格は、知覚や身体のゲシュタルトが示している性格とまさに同じものである、とメルロ＝ポンティは考える。すなわち知覚においては、知覚領野を構成している無数の要素が一つの全体的なゲシュタルトを浮かび上がらせているのであるが、その場合にこのゲシュタルトは、それを構成しているこれらの諸要素からは理解されず、逆にこれらの諸要素の方がこの全体的なゲシュタルトからそれらの「色彩的・空間的・意義的な価値を受け取るのである。」そして知覚領野は、「真に同質的な砂浜」のようにいかなる隔《へだ》たりも襞《ひだ》も含まないがゆえに何も意味しないようなものから始まって、ますます複雑な地と図の構造を含むようになるにつれて、多くのことを意味するようになってくる。この本質的な点で知覚は言語に似ている。また身体は世界に対してある姿勢をとる際に、身体図式によってさまざまな身体部位の運動や知覚を互いに結びつけて統合し、それらの運動や知覚に対してその各々の価値を付与するような一つの全体的な構造あるいはゲシュタルトを浮き彫りにするが、その点からすれば、国語《ラング》は身体に比すべきものなのである。

思考を浮き彫りにする言語

ここから言語《ランガージュ》(langage)と思考、あるいは言葉《モ》と意味との関係もまた明らかになる、とメルロ＝ポンティは考える。言語《ランガージュ》とは、言語《ランガージュ》からは独立してそれ自体で存在している思考を表現するものではないし、言葉《モ》から離れて意味が純粋なかたちで頭のなかに存在しているわけではない。地の上に浮かび上がる図としてのゲシュタルトは、地をなしている質料的な要素を離れては存在し得ないのであるが、思考や意味はまさにこのゲシュタルトであって、それを浮き彫りにする身体や言語を離れては存在し得ないのである。そしてメルロ＝ポンティは、水面の波に関するソシュールの有名な譬《たと》えを引用しながら、このことを説明している。つまり「〈純粋な思考〉とは風の息のようなもので、かたちも輪郭もない、とソシュールは言っている。言語《ランガージュ》それ自体は、形態《コンフィギュラシオン》をもたない湖の水の塊のようなものである。波が生まれ、それらの波の幾何学的な形状《フォルム》が生まれ、それらの波の切子面が生まれるのは、これら二つの無定形の実在が接触するところである。それによって、分節化され限定された思考を知ることになるのである。〈思考が物質化するのでもなければ、言語《ランガージュ》が精神化するのでもない。思考と言《ランガ》語《ージュ》は唯一の現実そのものの二つの契機に他ならないのである。」言葉《モ》の意味とか思考とかいうものは、あくまでも物理的な音声として発せられる言葉《モ》が浮き上がらせる輪郭あるいは形態としてのみ存在しているのである。あるいは、すでに述べたように、メルロ＝ポンティによれば、心とは身体のゲシュタルトであり、身体という地の上に浮き彫りになる図であったが、これと同じことは思考と言語の関係についても言うことができるのであって、「言葉《モ》や言行為《パロール》(parole)は……思考の身体なのである。」こうして一般にソシュールにおいては記号《シーニュ》のなかで表現《シニフィアン》(signifiant)と意味《シニフィエ》(signifié)は不可分のものとして現れるのであるが、メルロ＝ポンティは、『行動の構造』以来つねに追求してきたゲシュタルトあるいは構造の概念がまさにそこに示されているのを見出したのであった。

意味《サンス》への根源的な志向

すでに述べたように、メルロ＝ポンティによれば、意味とかゲシュタルトというようなものがそもそも存在するのは、われわれ人間を含めて生物が、生きるという目的をもって世界に向かっているからである。生物がこのような目的をもって行動しているからこそ、外的な環境は生物によって価値づけられて一定の意味を付与されるのである。したがって「刺戟《しげき》のゲシュタルトは有機体そのものによって、つまり有機体が自らを外の作用に差し出す固有の仕方によって、創造される」のである。有機体あるいは生物がこのように自らを外の作用に差し出すことが、志向性（intentionalité）と呼ばれる生物的機能である。つまり「われわれは意味へと宿命づけられている」が、それは、われわれが「世界内に存在して」、生命のもつこの志向性によって「世界に向かっていくことをやめない」からである。この根源的な志向性によって、人間が知覚するものや、人間の身体もまた、つねに一定の「向き《サンス》」をもたされ、一定の「意《プロ》図《ポ》ないし志向《アンタンシオン》」を帯び、一定の「狙い《ヴィゼ》」をもつのである。この時に志向され、意図され、狙われているものが意味《サンス》であり、それはある時には、知覚領野の地の上に図として浮き上がり、ある時には、身体の活動としての言葉《モ》の意味として浮き上がるのである。こうして知覚されたものや身体の行為は、「己れ以外のものに向かって方向づけられ、惹《ひ》きつけられた存在者」となることによって、「自分自身以外の事物の代理ないし表現……として存在する」ようになり、意味をもつようになるのである。

身体に沈殿する言語

すでに述べたように、メルロ＝ポンティによれば、身体は「一種の沈殿作用」によって過去の行為のゲシュタルトを習慣として保存していく。同じように、言語《ランガージュ》が示すゲシュタルトもまた身体のうちに沈殿していき、「私の訴え得る、私のもっている意味として、制度化される（institué）」ようになる。私の身体は、私が次々におこなう行為のゲシュタルトを習慣として身につけていって、いつでも必要な時にその行為を即座におこなえるように、それを身体の可能性として蓄積していくが、そのことの一環として、言語《ランガージュ》のゲシュタルトもまた人間の言語能力として身体のうちに沈殿していくのである。こうして諸個人の身体のうちに習慣化されて沈殿していったものが、無数の言葉《モ》の間の差異からなる全体的な構造としての国語《ラング》に他ならない。「私が、……一枚の絵画を了解する時、……私は自分の感覚野や、自分の知覚野、ということは結局は、およそ可能なすべての存在の類型表、世界に関する普遍的なモンタージュをもって、その絵のまえにやってくる」のであるが、同じように、私は行為する時には、およそ私に可能なあらゆる行為をおこなう可能性を蔵した普遍的な身体図式をもってその場に臨む。そして、言葉を話す場合もこれと全く同じであって、私は言行為《パロール》(parole)をおこなう際には、およそ私に可能なあらゆる言行為《パロール》をおこなう可能性を蔵した普遍的な身体図式をもってその場に臨むのである。歴史的に蓄積されて沈殿し、身体のうちに習慣化されているこの普遍的なゲシュタルトが国語《ラング》である。したがって「国語《ラング》とは、それによって主体が初めて話すことができる宝庫であり、可能性の体系なのである。」人間はつねに身体の無意識の前人称的な生活に支えられて、この身体の暗黙の生活を基礎として初めて意識的で人称的な生活をおこなうが、それと同じように人間は、国語《ラング》という身体的伝統を基礎にして初めて言行為《パロール》をおこなうのであって、国語《ラング》にもとづくこれらの言行為《パロール》の総体が人間の言語《ランガージュ》をなしているのである。こうして「われわれが語っている共通の国語《ラング》は、私が他の諸生体とわかち合っている無記名な身体性のような何かなのである。」

言行為《パロール》への還帰

さて国語《ラング》とは、特定の言語共同体で用いられている多くの言葉《モ》からなる体系のことであり、これらの言葉《モ》によって構成されているゲシュタルト的全体のことであるが、ソシュールは、「構成された語彙《ごい》ならびに統辞の体系」としてのこの国語《ラング》を言語学の本来の研究対象と見なした。これに対してメルロ＝ポンティは、個々人の身体のうちに可能性として潜在しているこの国語《ラング》を基礎として現れる言行為《パロール》に注意を集中した。つまり彼は、「言語の客観的科学とは別に、言行為《パロール》の現象学」を目ざすのである。これまで彼は、『行動の構造』においても『知覚の現象学』においても、動物や人間がおこなう具体的な知覚や行動をそれが現れるがままに記述することを目ざしてきた。人間の知覚や行動について科学がつくり上げてきた先入見を排して、むしろこのような科学の基礎となっている「生きられた世界」へと立ち返ることを、彼の現象学は目ざしてきた。したがって彼は、言語を扱う際にも、この「生活世界への還帰、とりわけ客観化された言語から言行為《パロール》への還帰が絶対に必要だと」考えていたのであって、「言語についての客観的な科学の手前に話す主体を回復すること」を目ざすのである。しかも彼は、このような言行為《パロール》の現象学を構築しようとすることによって自分がソシュール自身の思想に忠実にしたがっていると考えていた。メルロ＝ポンティは、大方のソシュール解釈とは意見を異にして、「ソシュールが言行《パロー》為《ル》を主題とすることによって言語の研究を新たな領域に移した」と考えていたし、まさに「ソシュール自身がこの言行為《パロール》の現象学の必要性を強調している」とさえ考えていたのであった。したがってメルロ＝ポンティは、ソシュールによって言語《ランガージュ》の基本的な要素と見なされながら客観的な科学としての言語学の研究対象からは一応はずされた言行為《パロール》を自分の現象学の研究対象としたのであった。

言語に対するメルロ＝ポンティのこのような姿勢は、マルクスの思想や歴史過程に対する彼の関心と重なり合っている。すでに述べたように彼は、知覚のパースペクティヴのように徐々に開けてくる歴史のパースペクティヴのもとで蓋然《がいぜん》性に賭けて行為する人間の自由な実存を問題にしてきたし、またこのような人間の行為が制度化されて沈殿していく過程で形成される「歴史の身体」の「惰性」を基礎にしてさらに可能となる自由な行為に興味を寄せてきた。したがって彼は、言語を扱う際にも、個々の言行為《パロール》が言語《ランガージュ》の身体としての国語《ラング》のうちに沈殿していく過程と、この国語《ラング》を基礎としておこなわれる言行為《パロール》が逆に国語《ラング》の構造を変化させていくという言語《ランガージュ》の歴史に注目するのである。ソシュールは、ある一定時期の国語《ラング》の体系的な構造を扱う共時言語学（linguistique synchronique）と、言語《ランガージュ》の歴史的な変遷を扱う通時言語学（linguistique diachronique）とを区別して、後者を本来の言語学の領域からはずした。そしてメルロ＝ポンティが目ざす「言行為《パロール》の現象学」は、この通時言語学の領域をほぼカヴァーするものでもある。こうしてみるとメルロ＝ポンティの「言行為《パロール》の現象学」は、人間の言語《ランガージュ》のうちでソシュールが言語学の研究領域からはずした言行為《パロール》とそれによる言語の通時的な変化をとくに考察の対象としているのである。

国語《ラング》と言行為《パロール》の往復運動

知覚においては知覚領野という地の上にゲシュタルトが図として浮き彫りになってきて、このゲシュタルトが知覚されたものの意味をなす。そしてこの知覚のパースペクティヴが刻々と変化するにつれて、知覚領野はつねに新しく地と図に再構造化され、そのつど新しいゲシュタルトが現れてくる。それと同じように、言語《ランガージュ》においても言行為《パロール》がなされる時には、身体に沈殿した普遍的なゲシュタルトとしての国語《ラング》が一定のかたちで転調されて顕在化するのであって、この時に現れるこのゲシュタルトが言行為《パロール》のなかの個々の言葉《モ》に意味を割り当てることになるのである。こうして身体において、「まるで深海の動物たちがその側生的《テラル》ないし間接的意味の要求のままに集まったり離れたりしているように、声なき生活を送っている」国語《ラング》は、主体がおこなう言行為《パロール》によって一つの転調《モデュラシオン》を受けて、一つの意味ある全体的な構造を浮き上がらせるのであって、この全体的な構造あるいはゲシュタルトを知覚した時、われわれは一つの言葉《モ》の意味を了解したというのである。

そしてこのような言行為《パロール》の一つ一つが、それらの基礎をなす国語《ラング》の体系を変化させていく。たとえば「幼児は初め、言行為《パロール》を漠然とした総体として把握するのであり、そしてそこから浮き出してくる表現手段の一つ一つが、一種の往復運動によって総体の手直しを引き起こすことになる」が、幼児にかぎらず、人間がおこなうすべての言行為《パロール》は、たとえそれが完全に制度化された紋切り型の意味で言葉《モ》を用いている場合であっても、つねに何らか新しい意味をそれらの言葉《モ》に付与しているのであって、それによって国語《ラング》の全体的な構造はつねにごくわずかずつでも変容されていくのである。それは、知覚領野においてそのつど意味がゲシュタルトとして浮かび上がるにつれて、その知覚領野の全体的な構造が変容し、その地を構成している諸要素の価値が変化していくのと同じことである。あるいは『知覚の現象学』においては、人間の生活は、身体の非人称的で習慣的な層における暗黙の生活と意識の人格的な層における自由な行為との往復運動として示されたが、それと同じように言語《ランガージュ》もまた、制度化され習慣化された体系としての国語《ラング》とつねに新しい意味を創造する言行為《パロール》との往復運動として示されるのである。

こうしてメルロ＝ポンティによれば、言葉《モ》の意味はつねに揺らめきながら「地すべり」的に変化しており、それにつれて国語《ラング》の体系的構造もつねに変化している。そのために「ある国語《ラング》について表現手段の総目録を作ることはできない」のである。したがって、われわれはたとえば、古代のラテン語がいつからフランス語に変容したかを正確に言い当てることはできない。個々の言行為《パロール》がつねに引き起こす微細な意味変化や表現形式の変化が、ちょうど「自然淘汰」によるようにいつの間にか全体的なゲシュタルトを変容させてしまったことに、われわれは気づくのである。ちょうどわれわれが歴史研究において、いつの間にか古代社会のゲシュタルトないし理念型《イデアル・テイプス》にかわって中世社会のゲシュタルトや理念型《イデアル・テイプス》を認めるのと同じように、われわれはいつしかある国語《ラング》がラテン語からフランス語に変化していることに気づくのである。そしてこれは、われわれが移動するにつれて知覚のパースペクティヴが徐々に変化し、やがて全く違った風景が現れるのと同じことなのである。こうしてメルロ＝ポンティによれば、「知覚、言語、歴史」は同一の性格をもつものであるが、そのわけは、それらがすべて身体という基本的な現象に帰着するからに他ならない。そしてソシュールは、沈殿し凝固した体系的な構造としての国語《ラング》を言語学の対象とするのに対して、メルロ＝ポンティは、国語《ラング》をこのように不断に変化させていく言行為《パロール》を自らの「言行為《パロール》の現象学」の対象とするのである。

言葉《モ》への錯覚

ところで人間がおこなうすべての表現行為のなかで、言行為《パロール》はとくに意思疎通のための行為であり、したがって各人がその身体に保持している国語《ラング》もまた他者との意思疎通のための道具である。それゆえに言語《ランガージュ》においては制度化や習慣化はとくに念入りにおこなわれて、各人が有する国語《ラング》がほぼ同じような全体的構造をもつようにつねに調整がなされる。言葉《モ》の意味が各人でばらばらにならぬように不断に配慮がなされ、言葉《モ》をいかに構成するかに関わる統辞法も各人が同じものをもつようにつねに注意が払われる。こうして言語《ランガージュ》の身体としての国語《ラング》は、一般に行為の基礎である身体と同じように、完全に非人称的で一般的なものとなり、一つの言語共同体において諸個人に共有される共同財産となるのである。こうして「あらゆる表現操作のうち一人言語だけが、沈殿作用をおこして相互主観的な獲得物を構成することができるのである。」

しかし、そうなるともはやわれわれは、言行為《パロール》をおこなうにあたって、国語《ラング》をつねに新たに構造化し直して、すべての言葉《モ》に新しい意味を与えているとは考えなくなる。むしろ「言葉は、偶然的事物としての自分自身のことは忘れてしまい、自分自身を何かしっかりしたものだと思い込むようになる。」そして人間は、一つ一つの言葉《モ》がそのつどすでに定められた明確な意味をもっていると考え、しかもこの意味そのものは、彼がその言葉《モ》を使う前も使った後も全く変化しないかのように錯覚するのである。そしてさらには、このような意味からなる思考そのものもまた、言葉《モ》を離れて独立に存在すると見なされるようになり、言葉《モ》とは思考が意思疎通に際して自由に着たり脱いだりできる衣服のようなものだ、という考えが現れてくるのである。

言語の創造的使用

このような偏見に対して、個々の言行為《パロール》がそのつど新しい意味を分泌して国語《ラング》の体系的構造を変様させるということを強調するメルロ＝ポンティは、好んで詩人や文学者の言語を引き合いに出す。たとえば、ポール＝ヴァレリーは既成の言葉への深い不信感にとらわれていた。ヴァレリーは、「……彼が困憊《こんぱい》しきっていた——ないしは、彼が己れ自身のためにだけ書いていた——長い期間」にわたって、新しい言語的な意味を創造し、フランス語という国語《ラング》を新たに構造化しようと悪戦苦闘していた。そしてその際に彼は、「固定した語彙を揺り動かして、個々の言葉《モ》の意味を拡げたり制限したりし、対位や換位によってそれらに働きかけ、そのつどこれらの信用貨幣の価値を変えていく、この絶えず活動しつつある詩」をわがものとしようとしていたのである。こうして詩人や文学者とは、身体に新しい型の言語的所与をもたらし、「どこから自分にもたらされたわけでもない一つの〈意味〉を自分自身で分泌して、それを自分の物質的周囲に投げ出し、それを受肉した他の主体たちへと伝達する」ことを自らの使命と見なす人々である。知覚において最初に「一つの判じ絵の葉ごもりのなかに兎《うさぎ》を〈見つけ〉た」観察者や、歴史の風景のうちに未来の新たな形態の社会の輪郭が浮き彫りになっているのをいち早く発見しようとするマルクス主義者と同じように、詩人もまた彼の言行為《パロール》によって国語《ラング》の体系に画期的に新しいゲシュタルトを与えようとしているのである。

そしてこのようにして創造される文学テキストは、われわれが意思疎通において他者の行為のゲシュタルトを身体図式によってわがものとする場合と全く同じようにして読解される。たとえば小説家スタンダールは、ふつうのフランス人が用いているふつうのフランス語を用いて小説を書いているように見えるが、そこで用いられている「言葉《モ》は彼の手のなかで密かに歪められているのである。」したがって読者である私は、スタンダールの小説を読むうちに、スタンダールの言語表現の独特のスタイルあるいは彼の身体のなかにある国語《ラング》の独特のゲシュタルトに気づくのである。そして私は、彼の小説を読み進めながらこのスタイルを再現し、このゲシュタルトを自己の身体の国語《ラング》に導き入れようとすることによって、「ついには私のうちに彼の思想を導き入れてしまうのである。」そしてこのようなことが可能なのは、スタンダールや私の身体の身体図式がほとんど無限に多様なゲシュタルトを表現しうるからであり、無限に開かれた意味を分泌しうるからであり、さらに身体は一般に他者の身体のゲシュタルトを自由に転換し翻訳できるような等価関係と転換の体系だからである。それはちょうど、一台のピアノが無限に多様なメロディを演奏できるとすれば、あるピアノが演奏した新しいメロディが、多かれ少なかれ同じ構造をもった他のピアノでもすぐに演奏されるようになるのと同じことである。

「構造」の概念

メルロ＝ポンティがこのように大きな影響を受けたソシュールの言語学は、二〇世紀の新しい思想としての構造主義に道を開くことになった。高等師範《エコール・ノルマル・シュ》学校《ペリユール》においてメルロ＝ポンティの学友であったクロード＝レヴィ＝ストロースは戦後のフランスにおいて人類学の世界的な権威となったが、その際に彼はソシュールの言語学と一九二〇年代のロシア・フォルマリズムの影響を受けて社会研究の独自の方法論をうち出し、そのことによって構造主義思想の代表者となった。戦後いち早くソシュールを受容していたメルロ＝ポンティは、このレヴィ＝ストロースが展開した「構造人類学（anthropologie structurale）」のうちに彼自身の哲学を確証させるような科学的知見を発見したが、それはこのようないきさつを考慮するならば当然と言えるであろう。

レヴィ＝ストロース
（吉田禎吾氏撮影）

一九五九年に発表されて後に論文集『シーニュ』に収められた論文「モースからクロード＝レヴィ＝ストロースへ」においてメルロ＝ポンティは、この文化人類学の画期的な業績をフランスの知的世界に初めて紹介するとともに、構造の概念の哲学的な意義について説明している。構造主義の立場では、「社会の一領域ないし社会全体のなかで交換が組織される仕方を〈構造〉と呼ぶことになる」と述べた後で彼は、この構造という概念がたんに人類学だけでなく、ゲシュタルト心理学やソシュール言語学においても同じような現象を表現するのに使われていると指摘している。つまり、「この言葉は、心理学者たちのもとでは知覚領野の体制《コンフィギュラシオン》、つまりある種の力線によって分節され、すべての現象がそこからその局所値を得てくるような全体をさすのに使われていた。言語学においてもまた、構造とは肉化された組織を言う。ソシュールが、言語記号は弁別的《ディアクリティク》だと言った時、……彼は、顕在的な意味の底にある国語《ラング》の統一といったもの、つまりその国語の理念的原理というものが知られる以前からそこでなされているはずの体系的組織化といったものを明らかにしようとしていたのだ。社会人類学にとっても、社会というものはまさしくこの種の組織、つまり（適当な婚姻規則をもった）親族や血縁の組織、言語学的な交換の組織、経済学的交換や芸術や神話や儀礼の組織から成っているのである。」

言語《ランガージュ》を用いる人間が、彼の言行為《パロール》を支えている国語《ラング》の体系的な構造を認識している必要はないのと同じように、社会生活を営む人間もまた、自らの社会がもっているこのような構造を認識している必要はない。この構造は、「鈍重な意味」として制度化され、社会の「身体」のうちに習慣化されて沈殿しているのである。また、『知覚の現象学』において示されたように、人間が無記名の一般的な「ひと」として無意識の生活を送っている身体的な水準においては自己と他者との区別は未だ存在しないのであるが、構造とは、この身体的な水準で「私が他の諸主体とわかち合っている無記名な身体性のような何かなのである。」したがって国語《ラング》が言語共同体において誰のものでもない共有財産として共有されているように、この構造もまた諸個人によって共有されている。そして国語《ラング》が諸個人に先立って存在するかの如く見えるように、構造もまた諸個人に先立って存在しているかのように見えるのである。またメルロ＝ポンティによれば、構造がまさにこのような無記名の身体性に関わっているがゆえに、レヴィ＝ストロースの構造人類学は、神話に関するフロイトの精神分析学的研究を構造研究の一つの特殊例として自らの体系のうちに組み込むことができるのである。こうして個人の言行為《パロール》が国語《ラング》の一定の転調として現れて、この国語《ラング》の全体的ゲシュタルトのなかで初めて意味をもつように、諸個人の社会的な行為もまたこのような構造を浮かび上がらせるかぎりで、この全体的な構造から初めてその社会的意味を付与されるのである。このようなわけでメルロ＝ポンティにとっては、レヴィ＝ストロースにおける構造とは、マックス＝ヴェーバーが歴史的時代のうちに読み取った理念型《イデアル・ティプス》と基本的に同じものであり、またそれは、マルクスが上部構造と下部構造の統一体として社会を捉えた際に彼が念頭に置いていた「歴史の肉体」の「重い意味」と基本的に同じものなのである。

二元論を越えて

メルロ＝ポンティは『行動の構造』から一貫して、構造あるいはゲシュタルトという概念に注目し、精神でも物質でもないものとしてのこの構造の概念によって、デカルト以来の近代哲学における精神と物質の二元論を克服しようとしてきた。そして彼は、このような方向を目ざす二〇世紀の思想潮流のうちにレヴィ＝ストロースの構造主義も属している、と考えるのである。彼によれば、「……構造という……この概念があらゆる方面で得ている今日の幸運は精神のある要求に答えるものである。哲学者にとって、構造とは、われわれの外にあっては自然や社会の組織のうちに、われわれの内にあってはシンボル機能として現存するものであって、デカルトからヘーゲルにいたるあいだ哲学を支配してきた主観‐客観の相関関係から脱け出る道を指示してくれるものである。」

絵画と身体

視覚に基礎をおく哲学

現代ドイツの哲学者ユルゲン＝ハバーマス（一九二九〜　）によれば、一般的に言って、プロテスタント的な背景をもつ哲学は、聴覚に基礎を置いて神の言葉《ロゴス》に耳を傾け、この言葉《ロゴス》が歴史的な時間のうちに展開しているのを示そうとする。これに対してカトリック的な背景をもつ哲学は、視覚に基礎を置いて神の姿に眼をこらし、この神的な形姿が自然の空間のうちに現れているのを示そうとする。ハバーマスのこのような性格づけにしたがえば、メルロ＝ポンティの哲学は典型的なカトリック的哲学である。それどころか彼ほど視覚について深く考察をめぐらした哲学者はまれであるし、また彼ほど絵画の意味について深く思索した哲学者はまれであると言ってよい。そしてメルロ＝ポンティの絵画論は、多岐にわたる彼の哲学的思索の中心をなしている。

一般にメルロ＝ポンティが人間の知覚を扱う方法は完全に視覚に重点を置いている。知覚世界が遠近法的展望《パースペクティヴ》にしたがって現れるという事実は、彼の哲学の基本的な主題《テーマ》であるが、このパースペクティヴという事柄はもっぱら空間構造に関わることである。知覚のこのパースペクティヴ性によって「奥行（profondeur）」や「厚み（épaisseur）」が世界にもたらされることによって初めて、知覚する人間に対して「一種の精神的パノラマ」が与えられるのであって、このパノラマこそが地の上に図を浮かび上がらせる。したがって、メルロ＝ポンティにおいては、知覚領野の地の上に「浮き彫り《レリーフ》」として現れるゲシュタルトあるいは意味《サンス》そのものが、知覚のパースペクティヴ性にもとづくものであり、ひいては視覚の性格にもとづくものなのである。知覚領野のゲシュタルトとしての意味とは、もともとは、視覚の主体に近いものが遠いものの背景から浮き上がるということであり、この点において意味《サンス》とは、身体の視点からの視覚《サンス》にもともと由来するものなのである。彼は、フッサールにしたがって、知覚された現在は過去と未来の地平（horizon）をもっていると述べているが、時間知覚のこの地平構造もまた、彼によれば、知覚のパースペクティヴ性に由来するものであって、結局は視覚の性格にもとづいているのである。一般にメルロ＝ポンティにとっては、人間のすべての感覚は、それがパースペクティヴのもとで何らかの意味をもたらすかぎりでは、すべて空間的な性格をもっている。「……感官《サンス》というものはすべて、それらがわれわれを存在の何らかの形式へ到達させるはずであるというかぎりで、すなわちそれらが感覚であるというかぎりで、空間的なのである。」そしてパースペクティヴというこのような空間構造はもともと視覚によって捉えられるのであるから、彼にとっては、知覚世界は何よりもまず視覚から明らかにされるべきものなのである。こうしてメルロ＝ポンティは、感官のなかでも特に視覚に興味を寄せ、またほぼ純粋に視覚にもとづく芸術としての絵画のうちにこの視覚の秘密を探ろうとするのである。

セザンヌの「現象学的還元」

一九四五年に発表された論文「セザンヌの疑惑」は、メルロ＝ポンティが絵画を本格的に論じた最初の論文である。そこでは彼は、セザンヌの生涯から窺《うかが》われるこの画家の「何か病的な体質」について触れながら、この不安に満ちた性格を画家という職業のうちに統合していくセザンヌの生涯について共感をもって語っている。セザンヌが五一歳の時に故郷のプロヴァンス地方のエクスに隠退したことを、「少年時代と母親と妹とが作りなす環境への後退」であると解釈していることなどからみると、メルロ＝ポンティは、この同じ論文のなかで扱われているダ＝ヴィンチの場合と同じように、このセザンヌの生涯にも自らの生涯を密かに重ね合わせていたようにおもわれる。

メルロ＝ポンティによれば、セザンヌは、古典主義の画家たちがおこなったような「輪郭による境界付けや構図や光の配分」などをおこなわずに絵を描く。またセザンヌは、古典主義の遠近法にしたがうことなしに、さまざまな形態を描く。ここからセザンヌの有名な「変形《デフォルマシオン》」が現れてくることになる。そしてこのような「変形《デフォルマシオン》」によってセザンヌが目ざしたのは、われわれが現実に知覚しているがままの世界をカンヴァスに定着させることであった、とメルロ＝ポンティは考える。つまり人間によって知覚された世界という礎石の上にようやく「観念や科学の人間的秩序」が

写真上　セザンヌの静物画『果物皿とリンゴ』

写真左　スケッチをするセザンヌ

築かれるのであるが、いったんこの秩序が築かれてしまうと、ともすれば人間は、この観念や科学の秩序にしたがった世界こそが唯一の実在の世界だと思い込むようになってしまう。これに対してセザンヌは、科学の基礎をなしているこのような「根源的世界」を絵筆によって明らかにしようとするのである。「セザンヌの絵画は、……人間がそのうえに置かれている非人間的な自然という根底をあらわにする」のである。つまりメルロ＝ポンティによれば、セザンヌは彼なりの流儀で判断停止《エポケー》をおこない、現象学的還元をおこなったのであって、そうすることによって、科学的構成にもとづく先入見にまだ侵されていない「生きられた世界」

の風景を描写しようとしたのであった。「セザンヌは、……知性や観念や遠近法や伝統を、それらが理解すべく定められている自然的世界にふたたび接触させ、彼流に言えば〈自然から生まれ出た〉諸科学を自然と対決させようとしたのである。」すでに述べたように、メルロ＝ポンティは一九四五年の『知覚の現象学』の序文において、現象学的研究を芸術的な営為と見なして、その際に文学者のバルザック（一七九九～一八五〇）、プルースト（一八七一～一九二二）、ヴァレリーとならんで画家のセザンヌを引き合いに出していた。この同じ年に発表された「セザンヌの疑惑」は、このセザンヌの絵画が何ゆえに現象学的研究と同じ性格をもつものであるかを証明しようとしたものに他ならない。

文学表現と絵画表現

一九四五年ごろからソシュールを研究し始めたメルロ＝ポンティは、ソシュールの言語学を補完するようなかたちで自らの「言行為《パロール》の現象学」を展開していったが、その際に彼はふたたび絵画について論じている。それは、論文集『シーニュ』に収められた論文「間接的言語と沈黙の声」や、やがて大部な書物にまとめられるはずだった遺稿『世界の散文』のなかの諸論文などに見られる。

すでに述べたように、メルロ＝ポンティは、制度化されて身体のうちに沈殿した国語《ラング》の体系ではなく、むしろ現に言葉《モ》を語ることとしての言行為《パロール》に注目していた。また彼は、制度化された意味に忠実にしたがって表現される日常的な言語《ランガージュ》ではなく、むしろ新たな意味を創造することによって国語《ラング》の体系を劇的に再組織化するような詩的な言語《ランガージュ》に注目していた。そしてこれは、歴史的な状況における人間の自由を解明しようとする彼の実存主義にもとづくものであった。「すでに出来あがった言語《ランガージュ》の、経験的な使用を、その創造的な使用とははっきりと区別しなければならない。……経験的な言語において言行為《パロール》と言われているものは、──つまり、あらかじめ確立されているなんらかの記号の適切なる喚起は──、本来的な言語からみれば、言行為とは言えない。」彼はこのように述べて、言語の創造的使用の方に注意を集中するのである。

こうして、もっぱら言語の創造的使用について説明するために、メルロ＝ポンティは絵画について語り始めることになる。すでに述べたように、言語はきわめて厳密に制度化されて共同所有物としての国語《ラング》へと沈殿するために、作家でさえもこの伝統的な国語《ラング》にはっきりと依拠し、「他の作家たちがすでに恵念したその同じ世界を自分も目ざしている」と感じている。したがって「作家の作業は、画家の作業とさして異なったものではない」としても、作家がおこなう言語表現においては、新たな意味が創造される過程を跡づけることはきわめて困難なのである。それに対して画家の方は、このように厳密に制度化されて規約化された表現手段の体系には依拠していない。たしかに画家もまた、一定の絵画的伝統とそこで蓄積された表現技法に依拠し、さらにこのような技法による描写から一定の意味を読み取るように訓練された鑑賞者を予想するが、その場合の伝統は国語《ラング》の伝統のように強力なものではない。したがって、逆に言えば、詩や小説は、そこで使用されている国語《ラング》の体系を共有しない人々には何の意味も伝えないが、絵画の意味は民族の違いや歴史的時間を越えて万人に理解されるのである。こうしてメルロ＝ポンティによれば、絵画表現の方が文学表現よりも伝統の規制から自由であるがゆえに、「どこから自分にもたらされたわけでもない一つの〈意味〉を自分自身で分泌して、……それを受肉した他の主体たちへと伝達する」という身体の根源的な表現能力は、言語芸術よりも絵画において、より明瞭に現れるのである。新しい意味を求めて「語り止めぬ沈黙」としての言語を捉えるために、彼が絵画について論ずるのは、このような理由にもとづく。

力線による世界の構造化

メルロ＝ポンティが知覚領野のゲシュタルトと呼んだものは、背景から浮き上がる輪郭であるが、知覚領野の意味でもあるこのような構造は、まさに行動の構造であって、知覚する主体の身体運動によって描き出されるものである。彼は『行動の構造』では、フットボールのグラウンドを例にとって、このことを説明している。すなわちそこで競技する者にとっては、「そのグラウンドはさまざまの力線（lignes de force）……によって辿られ、またある種の行為を促す諸区劃……に分節され、競技者の知らぬ間に、彼の行為を発動し、支えるのである。」ゲシュタルトとは、知覚主体の身体行動が描き出すこのような力線によって浮き彫りにされてくるものである。後に彼はこの力線のことをさらに「蛇行線（serpentment）」と呼んでいる。つまり「……ダ＝ヴィンチはその『絵画論』で、〝それぞれの対象のうちに……、いわばその発生軸とも言うべき一本のうねった曲線が、……対象の拡がり全体を貫いて伸びていく、その独特な伸び方を発見すること〟について論じている」が、メルロ＝ポンティによれば、知覚主体が身体運動によってこの蛇行線を辿っていくことによって、ゲシュタルトが浮き彫りになってくるのである。そして画家が絵筆を握ってカンヴァスを前にしておこなっているのは、この力線あるいは蛇行線を絵筆の運動によって表現し、その航跡をカンヴァスに定着させることなのである。画家のマチス（一八六九～一九五四）の仕事ぶりをスローモーションで撮影したフィルムに言及しながら、彼はこの点について次のように述べている。「そのフィルムの与えた印象はじつにおどろくべきものであって、マチス自身もひどく感動したという話だ。肉眼でみると、ある動作から別の動作へと飛び移っているように見える絵筆が、拡大したおごそかな時間のなかで、世界の始まりのある切迫した気配に身を浸して、瞑想《めいそう》にふけり、可能なる多くの動きをためし、カンヴァスのまえで踊り、何度かそれに触れ、そしてついに、まるで稲妻のように、必要なる唯一の道筋にむかって襲いかかるのが見られたのである。」つまりここでは、マチスの身体が、知覚領野に含まれているほとんど無限の可能性のなかから一つの力線を選択していき、こうしてやがてマチスの独特のスタイルで風景のゲシュタルトを浮き彫りにしていく様子が見られたのである。

絵画はこうして描かれるが、一般に身体はこのようにして意味を分泌して他の主体に伝達する、とメルロ＝ポンティは考える。われわれは何かを知覚する時、徐々に開けてくるパースペクティヴのもとで、ためらいがちに知覚領野をいくつもの力線で区切って構造化するのであり、この時にわれわれがおこなう選択によって知覚領野は一定の意味をもつのである。また詩人が沈黙のなかで手探りしながら新しい言葉を発見して選択する時、詩人はこの言行為《パロール》によって自らの国語《ラング》を新たに再構造化し、またそれによってこの言葉の力線をもって世界を新しく構造化して意味づけるのである。そして最後に、人間が歴史過程のなかで行為する時も、人間は画家のように身体のさまざまな所作の可能性を験《ため》しながら、世界から新しい蛇行線を引き出すことによって行為を選択していくのである。したがってメルロ＝ポンティにおいては、歴史過程もまた、とくに絵画という芸術をモデルにして理解されているのである。「もし歴史の概念を……芸術や言語をモデルにして作り上げる習慣を身につけるならば、真の真味での歴史概念に気づくようになるだろうことは疑いない」と彼は述べているが、この場合の芸術とは何よりもまず絵画である。

創作行為の重視

メルロ＝ポンティは、身体のうちに沈殿した国語《ラング》の体系よりも、むしろ新たな意味を創造する言行為《パロール》に注目するが、同じように彼は、画家がカンヴァスに定着させた作品よりも、むしろ画家が現象野のゲシュタルトを絵筆によって描き出そうとする制作活

『カラスのいる麦畑』（ゴッホ筆）

動そのものに注目する。「画家は仕事をし、その航跡を残す。」この航跡が作品としての絵画である。しかし画家は「自分の残した航跡などを見ることを、それほど好みはしない」とメルロ＝ポンティは指摘する。なぜなら画家は、知覚領野のうちに新しい力線や蛇行線を引いて、新しいゲシュタルトや意味を浮き彫りにする行為そのものに興味をもっているからである。したがって画家というものは、『カラスのいる麦畑』を描いた時のヴァン＝ゴッホ（一八五三〜九〇）のように、つねに「もっと遠くへ行く」ことを目ざしている。絵画の神髄は、このように「もっと遠くへ行く」ことを求める画家の絵筆から新しいゲシュタルトが描き出される瞬間にこそ存している。「制作している画家には、絵画が純粋な状態で存在している」のである。

　したがってメルロ＝ポンティによれば、画家が残した航跡としての作品を陳列する美術館は絵画芸術の神髄を伝えてはくれない。美術館は、制作中の画家のうちに溢れていた「絵画の烈しさを殺してしまう」のであって、過去の死者たちの眠る墓地や納骨堂のように、生命の息吹きの消えた死んだ歴史を収めているのである。「美術館は死の歴史性なのである。」その点では図書館も同じだと彼は考える。言語芸術もまた、沈黙のなかで意味を創造しようともがく詩人や作家の創作行為そのもののなかにその神髄がある。ところが作品としての著書を陳列する図書館は、著作家のこの努力や熱気や悦びや怒りのかすかな残響を感じさせるにすぎないのである。

ヘーゲル哲学への批判

ここからメルロ＝ポンティはヘーゲルの哲学を批判する。ヘーゲルによれば、哲学とは過去の歴史過程の回顧であり、歴史過程が完了した後でその完全な意味を認識することであった。ヘーゲルが『法哲学』の序文で述べた有名な言葉によれば、「もし哲学がその灰色を灰色に描くならば、生命の形態《ゲシュタルト》は年老いているのであって、灰色を灰色に描くことによっては、それは若返らされはせず、たんに認識されるだけなのである。」このようにひたすら過去に眼を向ける哲学は美術館のようだ、とメルロ＝ポンティは批判する。彼によれば、「ヘーゲルとは美術館であり、そう言ってよければあらゆる哲学であるが、ただしそれは、すべての哲学の陰影の部分や有限性や生きた衝撃力を奪われ、防腐処置を施して保存された……あらゆる哲学なのである。」

ヘーゲル哲学に対するメルロ＝ポンティのこのような批判は、「上空飛行的思考」に対する彼の根強い批判の一環をなすものである。世界の外に位置して神のような遍在的な視点や特権的な視点から世界を眺めることによって、その完全な意味を捉えようとする哲学を彼はつねに批判してきた。彼によれば、人間は身体をもって世界のなかに位置して、パースペクティヴのもとで世界を眺めているのであって、それゆえに人間にとって世界はつねに果てしない地平をもって現れ、その風景はつねに変化しつづけ、その意味はつねに未来に開かれていて未完成なのである。しかしヘーゲルの哲学は、この歴史過程をすでに完了した過去のものとしてのみ捉えることによって、自分自身をこの歴史過程の外に置いて、そこからこの過程の完全な意味を捉えようとする。このような哲学もまた一種の「上空飛行的思考」にもとづいている、とメルロ＝ポンティは考えるのである。彼にとっては、歴史のうちで浮き彫りになる意味とは、決して完結し完成された意味ではなく、つねに未完成の「生成する意味」なのである。そして「生きた歴史性」とは、作品として完成されたもののうちに封じ込められているものではなくて、「自分が捉え直している伝統と自分が創始している伝統とをただ一つの動作で結びつける時の、制作中の画家に住まっている」ような歴史性なのである。そしてメルロ＝ポンティは、このような生きた歴史性や意味の生成を明らかにしたことを近代芸術の一つの功績に数えている。彼によれば、「近代的思考と芸術の偉大さの一つは、立派な作品と完了した作品とを結びつけていた偽りの鎖を断ち切ったことである。」近代芸術は何よりも「まず独創的であることを求め」、そのためにさらに未完成であることを創作と作品の本質として認める。したがって近代の画家は、未完成のデッサンをも「絵として手離してしまう」のである。

科学的分野の創造行為

メルロ＝ポンティは、科学的な真理の発見もまたこの絵画のような芸術活動と基本的に同じものだと考えている。すでに述べたように、われわれは知覚領野を構造化してその意味を発見しようと努力することによって、その領野のなかにある「諸対象の顕在化のあるスタイルや、それらの諸対象に対するわれわれの運動のあるスタイルを創設する。」知覚領野をいくつかに区切ったり、対象を背景から浮き上がらせたり、それらの対象の間の関係を設定したりする力線や蛇行線によって描かれるこのスタイルが、知覚領野のゲシュタルトを構成し、それに意味を付与している。そして科学的な発見とは、画家が絵筆を用いてこの新しいスタイルを創設して定着させるように、知覚領野の諸対象の関係やそれらに対するわれわれの運動のあるスタイルを創設して、知覚領野のこの新しい意味づけを言語表現や数式によって表現して伝達するということなのである。たとえばガリレオ＝ガリレイ（一五六四〜一六四二）が、「空に投げ上げられた石の運動のような……物体の一様な直線運動を、ある共通の意味にまとめることに成功する時」、動力学的な真理としてのこの「共通の意味は、原理的に、それによってまとめられている具体的現象を通してしか見えてはこない」ものである。つまりガリレオが発見したのは、石と大地と人間のような具体的形象を一つのゲシュタルトにまとめて意味づける仕方なのである。したがって、そこでおこなわれているのは、ヴォルフガング＝ケーラーの実験におけるチンパンジーが、木の枝を使って目標物を自分の方へ引き寄せられることを発見した時に、これらの諸対象と自分の身体との関係や運動を一つのゲシュタルトに統合して意味づけた際におこなったことと本質的に差異はないのである。それらはすべて、知覚領野を「再構造化」して、そこに新たな「意味の生成」をもたらすという創造行為なのであって、それは、絵画を制作する画家の努力のうちに典型的なかたちで見られるものなのである。

こうして、科学的な真理もまた、ある時期にある人間が知覚領野に試みる力線によって初めて浮き彫りにされたこの知覚領野の構造や意味だとすれば、それらは決して完全で最終的なものではあり得ない。科学的な真理もまた、歴史過程によって新たなパースペクティヴが開けてくるにつれて、次々に変化していく「意味の生成」の一コマをなすにすぎないのである。このような科学的な真理が、客観的な真理としてあらかじめ世界のなかに隠れていて、ただ誰かに発見されるのを待っていたかのように考えられるとすれば、それは言語の沈殿作用のためである。メルロ＝ポンティはこのように論じて科学に関する実在論を批判する。彼によれば、すでに述べたように、言語は沈殿して共有財産のような獲得物を作るが、そうなると言葉《モ》の意味と統辞法の体系としての国語《ラング》は、個々の人間がおこなう言行為《パロール》から独立してあらかじめそれ自体で存在するように見える。そして、知覚世界の新たな構造化として創造された意味もまた、このような言語によって表現されて伝達されることによって、すみやかに制度化されて共有財産とされるために、あたかも客観的な真理としてあらかじめそこにあってたんに発見されたにすぎないように見えてくるのである。これは「一つの回顧的錯覚」であるが、きわめて強力で容易に脱却できない錯覚である。そして遍在的・特権的な神の視点から眺められた客観的な世界を想定する実在論は、このような錯覚によって支えられているのである。

身体の不思議な二重性

一九六一年に発表された「眼と精神」は、メルロ＝ポンティが生前に発表した最後の著作である。そこで彼は、彼が生涯にわたってつねに考察の対象としてきたセザンヌにふたたび立ち返って彼の最後の絵画論を展開している。この論文は本来は『見えるものと見えないもの』の一部分をなすはずのものであった。そしてこの論文のなかで彼は、遺作となった『見えるものと見えないもの』において詳しく展開されるはずだった彼の独自の形而上学を絵画論というかたちで論じている。

メルロ＝ポンティによれば、絵画とは何かという問題、あるいは人間は何ゆえに絵画を描くのかという問題に対する答えは、身体がもつ不思議な二重性のうちにある。メルロ＝ポンティは一九三九年にルーヴァンでフッサールの未刊の草稿を閲覧したが、そのなかで彼の注意を引いたのは、『イデーン』の第二巻のなかにあった身体の二重性についての記述であった。そこでフッサールは、自分の左手に自分の右手で触れる場合を例に挙げて、「身体は一方では物理的な物であるが、……他方では……私は身体〃において〃、身体〃にあって〃ものを感じているのである」と述べていた。

すでに述べたように、メルロ＝ポンティは、『知覚の現象学』のなかでは、「私の身体は、それが見たり触れたりするものであるかぎりでは、触れられも見られもしない」と論じた箇所でこの問題に軽く触れただけであった。ところが身体のこの二重性の問題は、メルロ＝ポンティの思索のなかでますます重要なものになっていった。そして彼は、フッサールを論じた一九五九年の論文「哲学者とその影」のなかでは、フッサールの『イデーン』の当該箇所を引用しながら、次のように述べている。「そこにあるのは、私の身体の身体自身に対するある関係であって、これが私の身体を私と物との絆（vinculum）たらしめているのである。たとえば私の右手が私の左手に触れる時、私は左手を〝物理的な物〟として感ずるが、しかし同時に、私がその気になれば、まさしく、私の左手もまた私の右手を感じ始める、es wird Leib, es empfindet（それが身体になり、それが感じる）という異様な出来事が起こるのだ。」そしてこの主題が、やがて彼の後期の思想を展開させる中心点となった。こうして「眼と精神」は、絵画の謎を身体のこの二重性から説明するのである。すなわち「謎は、私の身体が〈見るもの〉であると同時に〈見えるもの〉だという点にある。」

身体と世界の接触

私の身体が〈見るもの〉であると同時に〈見えるもの〉でもあるということは、自分で自分の身体を見るということにおいて端的に示されていると同時に、さらに知覚のパースペクティヴ性においても示されている。つまり私が見ている世界は、私の身体の位置からのパースペクティヴのもとに現れるが、この場合に私によって見られた世界は、それを見ている私の身体の位置や姿勢を、この見られた世界のパースペクティヴによって逆に示しているのである。たとえば私が高い位置から世界を見下ろす場合には、見下ろされた物のパースペクティヴは、逆に私の身体が高い位置にあることを私に教えているのであって、上から俯瞰《ふかん》する私は、その時見られた物が下から私を仰ぎ見ていることを知るのである。したがって私が世界を眺めている時でさえ、私は〈見るもの〉としての自分が同時に〈見えるもの〉であることをつねに感じざるを得ないのである。こうして私が自分自身の身体において見出す二重性は世界全体へと拡大される、とメルロ＝ポンティは考える。私が自分の右手で自分の左手に触れたり、自分の眼で自分の手足を見たりするように、私が世界を眺めたり、世界に触れたりする時には、実は世界の一部分である私が、同じく世界の一部分である物を眺めたり触れたりしているのである。その場合にも、見るものと見られるもの、触れるものと触れられるものは同じものであって、世界という身体が自分自身を見たり自分自身に触れたりしているのである。「したがって、世界は、他ならぬ身体という生地で仕立てられていることになるのだ」、と彼は述べている。こうして私が身体によって世界を知覚するということは、私の身体のうちに触れる右手と触れられる左手の区別が生ずるように、世界の身体のうちに私の身体とその他の物の間の差異や隔たりが現れて、世界のこの二つの部分が互いに触れ合うということなのである。私が身体によって世界を知覚するのは、「〈見るもの〉と〈見られるもの〉・〈触わるもの〉と〈触わられるもの〉・一方の眼と他方の眼・一方の手と他方の手の間にある種の交差が起こり、〈感じ-感じられる〉という火花が飛び散って、そこに火がともり、そして――どんな偶発事によっても生じえなかったこの内的関係を、身体のある突発事が解体してしまうまで――その火が絶え間なく燃え続ける時なのである。」

存在の自己再帰性

メルロ＝ポンティによれば、絵画は身体と世界とのこのような関係にもとづいて成立する。すでに述べたように、知覚において人間の身体は身体図式によってある姿勢をとることによって一定のゲシュタルトを浮き上がらせる。「この内的等価物、つまり物が私のうちに引き起こすその現前の身体的方式」が、今度はさらに外に「目に見える見取図」として現れたものが絵画である。したがって絵画とは、「二重にされた〈見えるもの〉」であり、「初めに見られたものの……〈聖画像《イコーン》〉」である。ここにおいて絵画は鏡の現象と深く関わっていることがわかる。鏡においては〈見るもの〉は端的に〈見えるもの〉となっているのであって、そこでは身体の二重性あるいは「〈感覚的なものの再帰性〉」が明瞭に現れている。それと同じように、絵画においても、〈見えるもの〉は画家の身体を媒介にして〈見えるもの〉自身の自画像を〈見るもの〉となるのである。そもそも身体による知覚においては、本質的には世界が世界自身を見るということがおこなわれている。それゆえに人間は、今度は自らの身体を鏡にして、〈見えるもの〉

の自画像を絵画としてもたらすことによって、世界のこの自己への再帰を自分自身の身体においてさらに繰り返すのである。また人間の身体がこのように〈世界の身体〉のこの自己再帰性を繰り返そうとするがゆえに、人間は鏡に映る自分の姿に魅了されるというナルチシズムの傾向をもつのであり、さらには画家自身が自画像を描きたがるのである。

こうしてメルロ＝ポンティによれば、ある一つの全体あるいは世界全体が自らを分裂させて、その一方の身体部位が他方の身体部位に触れるというかたちで、この全体が自己自身に関係するということが起こっているのである。メルロ＝ポンティは、ドイツの哲学者ハイデッガー（一八八九～一九七六）にならって、この全体のことを「存在（Être）」と呼ぶ。したがってこの「存在の裂開（fission）」を通じて存在自身が自己に再帰するのであって、この自己再帰の運動のなかで視覚や鏡や絵画が現れてくるのである。そして彼にとっては、とくに「視覚は……存在の裂開に内側から立ち会うために贈られた手段なのである。」こうして存在のこの運動を記述することが、後期のメルロ＝ポンティの哲学の主要な課題となった。しかもこのことは、メルロ＝ポンティが彼の処女作で扱ったガブリエル＝マルセルの『存在と所有』のうちですでに示されていた課題をふたたび取り上げたことを示していた。なぜならマルセルはそこで次のように述べていたからである。「宇宙は存在が熟して裂け開いたもの（déhiscence de l'être）ではないのか。追究してみるべき観念。」

『見えるものと見えないもの』

融合状態からの出発

メルロ＝ポンティは、一九五〇年から五一年にかけてパリ大学において「幼児の対人関係」について講義をおこなったが、そのなかで彼は、幼児における対人関係の成立を一種の裂開として説明している。つまり、彼によれば、幼児は成長するにつれて徐々に他者との社会的関係を形成していくが、その過程は、あたかも本来的には孤独で孤立した幼児が、自分とはもともと切り離されている他者との間に意思疎通の橋を架《か》けていくように進むのではない。むしろその反対であって、もともとは自己と他者の区別のない未分化で融合した無記名の一般的生活を送っている幼児の自我が徐々に分裂していくことによって自己と他者の区別が生じ、そこから両者の間に意思疎通が成立してくるのである。つまり他者とは、「イヴがアダムの肋骨から生まれたように私からの控除によって、あるいは私の膨張によって生まれ出る」ものなのであり、「外部への私の発芽」によって生まれるものなのである。「自己と他人とが共通の状況のなかに融け合い、分かれていない」状態から出発して、やがて「他人と自己との間に壁や仕切りのようなものができてくるのであり」、「この生きられる隔たり」によって幼児の対人関係はようやく成立するのである。

すでにメルロ＝ポンティは『知覚の現象学』において、諸個人の人格的な実存の根底には身体が営む暗黙の前人称的な一般的生活が横たわっていると述べていた。幼児は、その成長の発端においては、この一般的生活のみを営んでいるのであって、この基礎のうえにやがて自己と他者の区別と意思疎通が現れて、人格的で人称的な実存が可能となっていくのである。したがってヒステリーなどにおいて諸個人は人格的な実存を喪失して身体の匿名の一般的生活に逃避することがありうるように、一般に病的な状態においては、自己と他者との区別を含んだ高度なゲシュタルトが解体して、自己と他者の未分化な融合状態という「この原初の統一」が現れてくるのである。つまりそのような場合には、最初期の幼児と同じように「患者は他人に対して〈境界がない〉」わけである。しかし逆に言えば、ある人間が他者の心を了解し、他者の身体のゲシュタルトを知覚してこれを速やかに自らの身体に翻訳できるのは、このような未分化な融合状態がつねに根底にあって、そこにおいて一種の暗黙の「前交通（précommunication）」がつねにおこなわれているからなのである。

鏡像の意義——「超自我」の認識　メルロ＝ポンティによれば、こうして幼児の融合した未分化な自我がやがて分裂して自己と他者の区別が現れ、社会的な関係と意思疎通が成立するにあたっては、鏡に映る自分の身体像を経験することが重要な意味をもつ。そして彼は、アンリ＝ワロンやジャック＝ラカンの研究を参照しながら、この鏡像の哲学的な意義を論じている。ヴォルフガング＝ケーラーがおこなった実験によれば、チンパンジーは鏡に映る自画像に対する興味をすぐに失ってしまい、この鏡像を自分の身体の反映として扱うことが結局はできない。しかしワロンによれば、人間の幼児はやがてこの鏡像を「自分の本当の身体の一種の分身」と見なすようになって、それに魅了され、その謎を探求しつづけるのである。そしてラカンによれば、幼児は、鏡像が自己自身の視像であることを発見することによって、自己自身について反省できるようになる。すなわち幼児は、「漠然と感じられる衝動の全体」としての「〈生きられる自我《エゴ》〉」の他に、鏡像のうちに「自己自身の理想像」としての「超自我《シュールモア》（surmoi）」を認識するようになるのである。こうして鏡像は自我《エゴ》を二つに分裂させるが、この鏡像に対する自我の関係としてのナルチシズムがこのような「一種の自己疎外」にもとづいているだけでなく、「さらに〈他人による疎外〉……を私に準備してくれる」ということにメルロ＝ポンティは注目する。つまり彼によれば、鏡像は、〈見るもの〉としての私の身体が同時に〈見えるもの〉であることを示し、こうして私自身が二つに分裂するところから、やがて「人間にとっての鏡」としての他者一般が成立してきて、自己と他者との間の隔たりが出現してくるのである。そして彼は、このような鏡像の理論をもとにして、一九六一年の「眼と精神」における絵画論を展開したのである。

全体から部分へ

メルロ＝ポンティによれば、要素主義とは、ある事象を「互いに外的で、因果の諸関係によって結ばれた」諸部分からなる全体と見なして、これらの独立した諸部分から出発して全体を理解しようとする立場である。そしてメルロ＝ポンティは、このような要素主義に対してつねに反対してきた。彼によれば、知覚領野とは、個々の感覚的要素から組み立てられたモザイク模様ではなく、むしろ未分化の背景から浮き上がった一つの意味としてのゲシュタルトであって、個々の感覚的要素は、この全体的ゲシュタルトから初めてその機能値を受け取っているのであった。しかも知覚領野のこのゲシュタルトは、未分化の地の上に一本の線が浮き彫りになるといった最も単純なものから始まって、より複雑な構造のものへと組織化されるにつれて、より豊かな意味を表してくるのであった。また、それと同じように、言葉《ランガージュ》も、独立した意味をもった言葉《モ》が連結されて作られているものではなくて、むしろ一つの言葉《モ》が徐々に分裂して多くの言葉《モ》に分かれてくるにつれて、より複雑な意味を表現しうるようになる国語《ラング》の体系からなるものであった。そしてさらに、個人の対人関係もまた、未分化で融合的な全体としての自我《エゴ》のうちに徐々に区切りや隔たりが現れてきて、自己と他者との複雑な関連を含むものとなっていくのである。こうしてこれらすべての事象は、全体から出発して部分へと進むという全体主義の立場から理解されるのである。

そしてメルロ＝ポンティによれば、内部に多くの隔たりや区別を含む複雑なゲシュタルトほど豊かな意味を含む高度なゲシュタルトであって、逆に疲労や老衰や死などは、このゲシュタルトが隔たりや起伏を失って初期の平板で無意味な状態になっていくこととして理解されるのである。たとえば、「知覚が、差異化である」のに対して、「忘却」は「脱差異化」であって、「心的資材」の間に「もはや隔たりや起伏が存在しなくなることなのである。」さらに、このようにみれば、生物の死とは、有機体と環境との間の差異が消滅して、環境から有機体を浮き彫りにしていたゲシュタルトが解体することとして理解されるのであろう。そして後期のメルロ＝ポンティは、宇宙全体あるいは森羅万象がこのような構造をもってできあがっていると考えるようになったのである。

沈黙への還帰

このような考えをメルロ＝ポンティは、遺稿の『見えるものと見えないもの』やその未完の部分のための『研究ノート』において展開していくことになった。そしてその際に彼は、『知覚の現象学』における彼自身の立場を自己批判するに到った。すでに述べたように、彼は『知覚の現象学』においては現象学的還元によって「認識以前の世界」へと立ち返ることを目ざしていた。しかしこの「認識以前の世界」が哲学者によって意識されて認識されるようになるためには、この世界はこの哲学者の眼前にすでに存在していなければならず、したがってこの世界にはすでに何らかのかたちの自我《エゴ》が対立していなければならないことになる。この自我《エゴ》のことを彼は『知覚の現象学』では、「沈黙のコギト」と呼んでいた。デカルトの有名な言葉「われ《コギ》惟《ト・》う、故に《エルゴ・》われ在り《スム》」にならって「沈黙のコギト」と呼ばれたこの思考する自我は、あらゆる言葉や明白な意識の下に、それらに先立って存在しているものであって、したがって「あらゆる哲学に先立っている。」それは、「認識以前の世界」があらゆる認識や科学に先立って存在しているということに対応しているのである。こうしてこの「黙せるコギト、自己への自己の現前」は、決して明白な意識ではなく、「あたかも、初めて呼吸を始めた嬰児《えいじ》の意識、あるいは、溺れんとしてなお生へとしがみついていく人間の意識のようなもの」なのだが、それでもなお、これから「〈思惟さるべき〉混沌とした世界をまえにしての〈我惟《おも》う（Je pense）〉一般として」存在していなければならないのであった。

『研究ノート』においてメルロ＝ポンティは、この「沈黙のコギト」について自己批判するようになった。「われ惟う《コギト》」ということが少しでも可能であるためには、すでに言葉が必要なのであって、言行為《パロール》が意味やゲシュタルトを浮き彫りにする以前の沈黙のうちには、「われ惟う《コギト》」はまだあり得ない。したがって『知覚の現象学』において現象学的還元が「認識以前の世界」の様相を明るみに出そうとする際に、この世界の手前に「沈黙のコギト」をすでに前提していたとすれば、『知覚の現象学』は依然として意識と対象との区別を前提として、そこから出発していたことになる。しかし言葉が差異を浮き彫りにする以前にはいかなる「われ惟う《コギト》」も意識もまだなく、一般にすべての差異や区別は決して根源的なものではなくて、むしろ未分化で無差別な地から図として浮かび上がってくるのだとすれば、哲学は、意識と対象との差異や区別がそこから現れてくる未分化な地までさらに遡《さかのぼ》らねばならない。したがって彼によれば、「『知覚の現象学』で立てられた諸問題が解決不可能なのは、そこで私が〈意識〉——〈客観〉の区別から出発しているからなのである」。むしろ必要なことは、言葉が生まれて「われ惟う《コギト》」が現れ、さらにそれにつれて世界が意識に現象し始める以前の「Σιγή（沈黙）への、深淵への還帰なのである。」

こうしてメルロ＝ポンティはフッサールの現象学の方法を放棄することになった。現象学的還元は、意識とその対象との区別を前提し、意識の作用的側面《ノエシス》と意識の対象《ノエマ》とのこの区別から出発するが、これに対してメルロ＝ポンティの哲学は、この区別がそこから現れる未分化の深淵にまで立ち返り、「物が沈黙しているその深み」から出発しようとするのである。すでに述べたように、彼はこの未分化の地のことを存在（Être）と呼んでいた。こうしてメルロ＝ポンティの後期の思想は存在論となるのである。「『知覚の現象学』の諸成果——それらを存在論的解明にもたらす必要」と彼は『研究ノート』に書きとめている。

フッサールの語らなかったこと

ただしメルロ＝ポンティは、自分がフッサールと完全に対立するようになったとは考えていなかった。知覚の未完結性を初めとして一般に生命の活動の未完結性を強調してきた彼は、ここでも自分がフッサールの思想をさらに発展させているのだと考えていた。彼は、フッサール自身が晩年には「現象学の限界に立っている」と見なしており、このフッサールという哲学者が死後に残した影に注目していたのである。このことは、一九五七年から六〇年にかけてのコレージュ・ド・フランスでの講義要録や一九五九年の論文「哲学者とその影」のなかで示されている。

とくに講義要録のなかでメルロ＝ポンティは、かつてルーヴァンで閲覧したフッサールの未刊の草稿のうちの一つ『コペルニクス的教説の崩壊。原方舟としての大地は動かない』に主に依拠しながら、後期フッサールの思想から彼自身の後期の存在論がさらに展開してくる次第を明らかにしている。コペルニクス（一四七三～一五四三）の唱えた地動説は近代的な科学の出発点となったが、それは宇宙の中心としての大地という観念を完全に払拭《ふっしょく》した。それからは人間が宇宙を眺める際の特定の立場や視点というものはなくなり、すべての立場や視点は相対化された。こうして現れてきたのが、メルロ＝ポンティによれば、近代哲学と近代科学の「上空飛行的思考」なのであって、この思考は神のような遍在する視点から世界を眺めたり、あるいは「気球の搭乗者とか鳥などのように、ある惑星から別の惑星へと空間を飛び越えて行きうる奇跡的旅行者」の視点で世界を眺めている。しかしこれに対して晩年のフッサールは「コペルニクス以前の経験」を回復して「根源的大地」を復権させようとしていた、とメルロ＝ポンティは論ずる。この大地とは、「大地の宇宙、原初の経験の土壌」であり、「あらゆる経験の揺籃《ゆりかご》、土台」であり、「そこから諸対象が生まれ出る株」であり、「〝基盤（Boden）〟」であり、「すべての静止とすべての運動がそこに浮かび上がる地」であり、「原故郷（Urheimat）」であり、「われわれの空間性の根、共通の祖国であり、原歴史（Urhistorie）、世界への原参入の本拠」である。またそれは、「ノアの方舟《はこぶね》が生き物たちを洪水から守ったようにすべての個別的な存在者を無に沈みこまぬように高く支えている大地」としての「原-方舟（Ur-Arche）」なのである。こうしてフッサールは、すべての物がそこから「その分裂によって生じてくる〝根元〟」を目ざし、あらゆる物が「臍《へそ》の緒」によってそれと結ばれている「原初の存在」を目ざしていた、とメルロ＝ポンティは考えている。

しかしメルロ＝ポンティによれば、すべての区別や差異がそこから現れてくるようなこの「原初の存在」について、フッサールは積極的に語ることをためらった。なぜなら「きわめて反省的な気質のフッサール」の哲学は、「他のどの哲学にもまして、自然的存在者を対象として、意識の純粋な相関者として理解することに献身した」のであって、この意識《ノエシス》の作用によって構成された対象《ノエマ》ではないような根源的存在について語ることは、彼には素朴な自然主義哲学への逆もどりのようにおもわれたからである。そしてメルロ＝ポンティは、フッサールが語るのをためらったこの根源的存在について積極的に語ることによって、自らの哲学を現象学から存在論へと展開させたのである。

存在論の展開
——「肉」の概念

メルロ＝ポンティは、晩年のフッサールの自然概念について論じた際に、フッサールの言う大地は身体に似ていると見なしていた。つまり「大地の存在と私の身体（Leib）の存在との間には親縁関係がある」のである。すでに述べたように、私の身体は〈見るもの〉であると同時に〈見えるもの〉であり、〈触れるもの〉であると同時に〈触れられるもの〉である。つまり私の身体は、〈見るもの〉や〈触れるもの〉としては自分自身を内側から感じながら、それと同時に〈見えるもの〉や〈触れられるもの〉としては自分自身を外側から感ずるのである。こうしてちょうど一枚の紙を二つに折れば、紙の両端は、同じ一枚の紙の部分にすぎないにもかかわらず、別々の紙として触れ合うように、身体もまた、胴体を一種の蝶番《ちょうつがい》として二つ折りになって、その一方の端を他方の端に触れ合わせることができるのである。大地という株とそこから芽生えた万物との関係もこれと同じものであって、身体は根源的な存在のこの自己再帰性をたんに繰り返しているにすぎない、とメルロ＝ポンティは考えるのである。

深淵としての存在（Être）はこのように分裂することによって万物を生み出しながら自己に再帰する。そう考えるメルロ＝ポンティは、遺稿のなかで考えうるかぎりの比喩的な表現を用いてこのことを表現しようとする。まず彼によれば、このように自己に再帰するものとしての存在とは肉（chair）である。かつて古代の哲学者たちは、宇宙を説明するための一種の原理としての水や空気や土や火について語っていた。これらの要素は、「空間・時間的個体と観念との中間にある一般的な物、つまり存在が一かけらでもある所にはどこにでも存在のあるスタイルを導入する一種の受肉した原理という意味での〝エレメント〟」であるが、メルロ＝ポンティによれば、全宇宙はこのような要素《エレメント》としての肉からできているのである。聖書は多くの箇所で肉について語っているが、メルロ＝ポンティは、この聖書の記述にそってこの肉を考えているようにおもわれる。聖書では肉という言葉はまず肉親のような血縁的なつながりを意味している。『創世記』においては神はアダムの肋骨から一人の女性イヴを創造したが、この時にアダムは、「これこそ肉《にく》の肉、男《おとこ》から取《と》ったものだから、これを女《おんな》と名《な》づけよう」（『創世記』二・二三）と言って彼女を妻としたのであった。こうして身体は一つの個体的な原理であるのに対して、肉は類的な原理として多くの身体に分かたれて共有されていくことになる。したがってパウロ（？〜六七？）は、「肉《にく》によるわたしたちの先祖《せんぞ》アブラハム」（『ローマ人への手紙』四・一）という表現を用いるのである。メルロ＝ポンティによれば、存在とはこのようなものとしての肉であって、すべての物はこの一つの肉から分かれてきた血縁者あるいは同胞としてこの同じ肉を共有しているのである。こうしてこの世界のなかのすべての物はこの同じ肉を分かちもっているのだから、ある物が他の物を見たり触れたりするということは、ちょうど一つの身体の右手が左手に触れるように、身体の内部で肉が肉自身に再帰しているにすぎないのである。「肉とはこの円環の全体のこと」なのである。またメルロ＝ポンティは『知覚の現象学』のなかで、知覚の作用を一種の聖体拝領《コミュニオン》と見なしていたが、そもそもイエスが弟子たちにパンと葡萄《ぶどう》酒を分け与えて、「これはわたしのからだである。また……これは……わたしの……血である」(『マタイによる福音書』二六・二六―二七）と述べたことがこの聖体拝領《コミユニオン》の起源となっている。そして、おそらくメルロ＝ポンティによれば、この儀式は、われわれ人間を含めて世界の万物が同じ一つの肉を分かちもった同胞であるということの象徴的表現なのである。『ヨハネの福音書』ではこの点について次のように言われている。「イエスは彼《かれ》らに言《い》われた、〝よくよく言《い》っておく。人《ひと》の子《こ》の肉《にく》を食《た》べず、またその血《ち》を飲《の》まなければ、あなたがたの内《なか》に命《いのち》はない。わたしの肉《にく》を食《た》べ、わたしの血《ち》を飲《の》む者には、永遠《えいえん》の命《いのち》があり、わたしはその人《ひと》を終《おわ》りの日《ひ》によみがえらせるであろう〟」(『ヨハネによる福音書』六・五三―五四）。

「母なる絆」

〈見るもの〉であると同時に〈見られるもの〉であり、意識的で人格的な実存の根底で匿名の一般的な生活を送っている身体は、こうして肉の概念によって宇宙全体へと拡大される。この宇宙全体としての存在（Être）は、自分の外には何ももたず、むしろ肉の原理によって自らの内部に無限に複雑な構造を生み出していくが、この構造のなかのすべての物は同じ肉を分有し同じ肉で満たされていて、そのようなものとして互いに関係できるのである。「われわれが肉と呼んでいるもの」は、「内部から加工された……塊《マス》」なのである、とメルロ＝ポンティは述べている。肉のこのような内側からの構造化は、たとえば「胎児発生の渦動」に似ている。分裂する受精卵はやがて内胚葉と外胚葉に分裂するが、それらは離れはせずに、外胚葉が内胚葉に巻きつく。それと同じように存在から分節化して生じたものは、つねにその一方が他方に巻きつくのであって、「世界の開展（dēroulement）は、……おのれ自身への巻きつき（enroulement）」なのである。またこのような「存在の裂開（dēhiscence）」は、二つの独立したものへの分裂を引き起こすのではなく、あくまでも「〈存在〉の襞《ひだ》（plis）」ないし「くぼみ（creux）」をつくるのであり、一つの肉を皺寄せすることによって、「浮き彫り（relief）や奥行（profondeur）」や「〈ぶれ（bougē）〉や〈隔たり（ēcart）〉」をつくるのである。あるいは世界の肉のこの構造化は、自らのうちに「次元性（dimentionalitē）」をつくり出し、いくつもの「回転軸（pivots）や蝶番《ちょうつがい》（charnières）」を内部に含んだ「位相空間（espace topologique）」を形成するのである。そしてこのようにして形成される肉の内部構造においては、互いに差異化されて折り目や襞《ひだ》やくぼみを介して向き合うもの同士は、決して別々に離れてはいない。それらは「相互着生（insertion rēciproque）と絡み合い（entrelacs）の関係」にあり、「不思議な癒着（adhērence）」の関係にあり、あるいは「オスーメスの関係（それぞれが他方によって可能であるがゆえに、互いにぴったり合うことを子供たちがあらがいがたく見てとる二つの積み木）……kopulation（交合）の関係」にあり、「抱擁の関係」にある。身体の諸器官が肉によってぎっしりと充塡《じゅうてん》されて隙間なく接触し合っているように、万物もまた肉によって満たされて隙間なく絡み合っているのである。

すでに述べたように、メルロ＝ポンティはやさしい母親の愛に包まれて育ち、彼女との愛情の絆を決して断ち切らなかったが、彼の晩年の哲学におけるこのような存在の概念はこの母親を思い起こさせる。彼によれば、「〈自然〉こそ肉であり、母なのである」が、この自然は「恒常的な受胎、恒常的出産」によって、自らの「腹（ventres）」から肉を分けて万物を生み出し、しかもそれらを肉という「母なる絆」でつねに自らにしっかりと結びつけているのである。

「終わることのない差異化」

こうしてメルロ＝ポンティによれば、世界とは「普遍的肉」であるが、存在（Être）のこの肉のなかに区別が生じてきて、この肉が自己自身に再帰するかぎりでは、「世界は、一つの肉に適用された肉」である。そして肉のなかに現れる区別や襞《ひだ》が意味を形成するのである。たとえば知覚領野の意味を構成しているのは、蛇行する力線であって、この力線によって地から図として浮き彫りになってくるゲシュタルトであった。このように浮き上がる隔たりやくぼみが知覚領野の意味をなすのである。この意味そのものは、「見えるもの」としての知覚領野における地と図とのずれや隔たりのうちに読み取られるものであって、それ自体は「見えないもの」である。しかし「見えるもの」が一定のゲシュタルトをもっているかぎりでは、「見えるものが見えない骨組をもっている」のであって、意味とはこの「見えない骨組」のことである。あるいは、「見えないもの」としての意味は、「見えるもののうちに（透し模様で）

描きこまれているのである。」そして知覚領野の意味をなすこのような区別やゲシュタルトは、肉としての存在の内部が構造化されるにつれて次々と現れてくるのである。したがって存在とは、「決して終わることのない差異化」だということになる。この差異化による浮き彫りや襞《ひだ》が世界の「組成《きめ》（texture）」を織り上げるのであって、このように織り上げられた織物《テクスト》から知覚において意味が読み取られるようになるのである。こうして人間の知覚や言語において差異や隔たりとして現れる意味は、環境からの有機体の差異や区別としての生命が知覚や行動において捉える意味の一部分であり、しかもこのような差異化の産物としての生命それ自体もまた存在における無限の差異化の一部分であって、それが、人間や動物においてはこの差異化それ自体を意味として知覚しているのだと言えよう。そしてソシュールが言ったように、言語とは差異化し構造化する原理を本質としているとすれば、存在をこのように差異化し構造化してそこから意味を浮き上がらせる神的な原理は言語的なものだということになるだろう。そして言語は「〈存在〉の最も信頼すべき証人になる」とメルロ＝ポンティが言う時、もしかすると彼は『ヨハネの福音書』の冒頭の次のような文章を念頭に置いているのかも知れない。それは次のようなものである。「初《はじ》めに言《ことば》があった。言《ことば》は神《かみ》と共《とも》にあった。言《ことば》は神《かみ》であった」（『ヨハネによる福音書』一・一―二）。

世界の肉はこのように言語的な原理にしたがって裂開していき、自らの内部をますます複雑に構造化していくが、肉はその場合に〈見るもの〉と〈見えるもの〉に裂開していく。そして一方の〈見るもの〉が他方の〈見えるもの〉を見るというかたちで、肉は自己に再帰するのである。その意味では、〈見るもの〉と〈見えるもの〉とはいずれも同一の肉であって、〈見るもの〉は自己自身を〈見えるもの〉として見ていることになる。したがって

無限の自己再帰

「肉とは鏡の現象である。」ただし鏡に映る映像は実物とすべて同じものではなく、また触れる右手と触れられる左手は全く同じものではないように、世界の肉のなかで区別されて差異化されたもの同士は完全に同じものではなくなっている。つまり一方の原本とその異本《ヴァリアント》としての他方は、非常に類似してはいるが、微妙にずれていて、正確に重ね合わせることができないようになっているのである。こうして肉の内部に複雑な内部構造が形成される際には、まず最初に存在（Être）が「根本的な分裂（fission）ないし分凝（ségrégation）」によって、実物や原本にきわめて類似した鏡像や異本を生み出し、次にこれらの鏡像や異本が、ふたたびそれらにきわめて類似しているが少し異なった鏡像や異本に分裂するという過程を無限に繰り返していくのである。それはちょうど、巨大な交響曲が、基本的な小楽節の旋律をほんのわずかずつ変形させながら繰り返すことによって、徐々に構成されていくのに似ている。修辞学においては、文章を構成している語の順序を一部分だけ変化させてこの同じ文章を繰り返していく技法は交叉配列（chiasm）と呼ばれるが、肉がこのように

構造化されていく過程はこの交叉配列の方法に似ている、とメルロ＝ポンティは考えている。「ある種の首尾一貫した変形をともなった」繰り返しによって、自らの鏡像や異本を形成して自己に再帰するという過程によって、宇宙は自己組織化をおこなっていくのであって、左手に触わる右手や鏡像や絵画や知覚や他者との意思疎通などは、すべてこの構造化の過程の一部分なのである。

「内部存在論」

メルロ＝ポンティによれば、哲学とは存在（Être）のこのような裂開や差異化の過程を捉えようとするものである。「すなわち、原初的なものは炸裂するのであって、哲学は、この炸裂《さくれつ》、この不一致、この差異化につき添うべきなのである。」彼はこのような哲学のことを「内部存在論（Endo-ontologie）」と呼んでいる。なぜなら、裂開していく肉として自らの内部に複雑なゲシュタルトを形成していくこの存在の他には何もなく、ましてや人間はこの宇宙を外から眺める「宇宙観察者」ではなく、むしろ「世界内存在」としてこの存在の内部に包み込まれているからである。したがってこのような存在を捉えようとする哲学は、「不偏不党の観察者」の視点に立って、それを外側から「上空飛行的思考」によって「大客観」として考察するのではなく、むしろそれを内側から観察して考察するのであって、その意味で内部存在論なのである。

人間がこのように存在（Être）の内部に位置しているということは、人間にとっては存在のこの裂開が知覚の遠近法的《パースペクティヴ》性格として現れるということを意味する。もし人間が純粋な精神として存在を眺めるならば、人間は彼の身体がとる視点には拘束されずに、この存在を一息で完全に眺めることができるであろうし、この存在の内部構造は透明な透視図のかたちでいっきに完全に示されることになろう。しかし実際には人間は身体をもって世界のなかの一点に位置しているのであって、この身体において世界の肉を分有し、この身体において世界の肉と「臍《へそ》の緒《お》」でつながっている。したがって人間にとっては存在は、見えない側面を含んだ厚み（épaisseur）をもって現れるのであって、人間は「身体の厚み」をもって「世界の厚み」に接触しているのである。そしてこのように「身体の厚み」をもって眺められた「世界の厚み」は、知覚のパースペクティヴのもとに現れる世界の奥行として示されているのである。

「垂直の存在」とセザンヌ

しかしこのようにパースペクティヴのもとに現象する世界は、他者との意思疎通や反省的思考によって、その遠近法的性格を失って客観的な対象にまで純化されるようになる。つまり「……立方体そのものは、位置をもたない眼差しにとってしか……ありえないものである」が、このような透明な立方体が立方体の概念として思考されるようになってくる。こうして神のような遍在的な視点から眺められた客観的対象としての世界が現れてきて、科学によって実在の世界として捉えられるようになるのである。このような過程をメルロ＝ポンティは、「なまの存在から公認された存在ないし存在の真理への……移行」と呼んでいる。これに対してこ

『ジャ・ド・ブーファンのマロニエの並木』（セザンヌ筆）

の「なまの存在（être brut）」はまた「野生の存在（être sauvage)」とも呼ばれているが、それは、このような反省的思考によって遠近法《パースペクティヴ》をはずされて公共的な真理として客観化される以前の存在のことであり、パースペクティヴのもとで現象して「見えないもの」を含んでいる世界のことである。そしてこの反省以前の存在は、メルロ＝ポンティによって、さらに「垂直の存在（Être vertical）」とも呼ばれている。そしてここでメルロ＝ポンティはふたたびセザンヌの絵画に立ち返っている。すなわちセザンヌはエミール＝ベルナールに宛てた一九〇四年四月一〇日の有名な書簡のなかで、「自然を円筒体、球体、円錐体によって処理すること」の重要性を述べた後で、垂直線は奥行を与えると言明している。「この地平線に垂直な諸線は奥行を与える。ところで、自然は、われわれ人間にとって、表面関係にあるよりは、より多く奥行関係にある。」セザンヌはこう述べていた。したがって、メルロ＝ポンティにとっては、「生涯にわたって奥行を探求しつづけた」セザンヌは、パースペクティヴのもとに現れるこの厚みをもった世界を垂直線によって描こうとすることによって、反省以前の「なまの存在」に立ち返ろうとしていたのであって、この点でメルロ＝ポンティの内部存在論に先がけていたのである。

シェリングとの類縁性

すでに述べたように、奥行をもって現象するこの「垂直の存在」を、メルロ＝ポンティはさらに「野生の存在」とも呼んでいた。そしてこのように原初的に現れる自然を「野生の存在」あるいは「なまの存在」と呼ぶことによって、彼は一方ではレヴィ＝ストロースの思想とのつながりを示唆している。なぜならレヴィ＝ストロースは、文明によって加工される以前の思考を「野生の思考（pensée sauvage）」と呼び、さらに料理において「火を入れたもの（le cuit）」に対して「なまのもの（le cru）」を、文明に対する自然を表す符牒《ふちょう》と見なしていたからである。しかし他方ではメルロ＝ポンティは、このような「野生の存在」を生み出す力を「野生の原理（principe sauvage）」と呼ぶことによって、一九世紀ドイツの哲学者シェリングの思想に連なっている。シェリングは、一八一一年に書かれた『世界時代』の原草稿《ウアファスング》のなかで、「克服されはするが、しかし絶滅されることなく、すべての偉大なものの真の基礎である野生の原理（barbarische Prinzip）」について語っている。そして、そこでシェリングは、ユダヤ神秘主義《カバラ》の伝統を受け継いで、神の世界創造を神の収縮から説明しようとしている。つまり世界は神に

シェリング

よって無から創造されるが、このことは、唯一の存在としての神が憤怒によって収縮することによって、物質界としての自然を生み出すことでおこなわれる。この自然は神にとっての他者であるが、神は自己自身について知るためには、このように自己を二重化して自己を制限する必要があったのである。自己の鏡像を眺めることから自己分裂と自己疎外が始まり、自己と他者との分裂と対立が始まるように、神のこの自己疎外によって自然が生ずるとともに、神に対抗する一切の堕落と腐敗もまた現れる。しかしこのような自然の存在において示されている野生の原理は、実は神がこの他者としての自然を媒介にして人類の歴史を通じて自己に再帰するために必要なものであって、その意味において偉大なものの基礎である。なぜなら神は、このようにして自己に再帰することによってようやく、無限に豊かな意味と内部構造をもったものとして自らを確証できるからである。シェリングとヘーゲルはテュービンゲン大学時代に同級生であって、若きヘーゲルはシェリングの影響を受けて自らの哲学を形成したから、当然のことながら、シェリングのこのような哲学はヘーゲルの哲学と基本的に同じ構造をもっている。そしてすでにコジェーヴのヘーゲル講義以来ヘーゲルから影響を受けていたメルロ＝ポンティは、自らの肉の存在論がシェリングのこのような哲学とも類縁性をもつことをはっきり

と明言するのである

受肉した存在者

『聖書』においては肉という言葉は、たんに血縁関係を表すだけではなく、さらに霊に対立した原罪と死の原理を表している。そしてメルロ＝ポンティにとっても、人間が受肉した存在者として身体をもって世界と関係するということは、人間が可死的な存在者であることを意味しており、さらに人間が世界を決して完全には認識できず、歴史過程のなかでつねに失敗と錯誤の可能性にさらされていることを意味している。つまり身体をもった人間にとっては、世界はつねに奥行と地平をもったパースペクティヴのもとで知覚されざるを得ないし、また歴史のなかの人間は、つねに曖昧で両義的な状況のなかで弁証法の冒険をおこなわざるを得ない。ガブリエル＝マルセルの言葉によれば、人間が「受肉した人格」であるために生ずるこのような状況は、人間の原罪の結果であり、人間と世界との堕落と腐敗の結果であると言えるかもしれない。しかし、メルロ＝ポンティによれば、可視性の原理としてこの肉の原理によって初めて、存在(Être)は、身体がその右手で左手に触れるように、自己自身を感ずることができるのであり、すべての意味とゲシュタルトを浮き彫りにすることができるのである。

おわりに

ヨーロッパにおいては第一次世界大戦を境にして近代ブルジョワ社会が崩壊し、新しい形態の現代社会とそれに適《ふさわ》しい現代思想が現れてきた。ただしフランスにおいてはこのような過程は中部ヨーロッパよりも四半世紀ほど後にずれた。つまりフランスでは第二次世界大戦を境にして近代ブルジョワ社会が最終的に解体し、現代社会と現代思想が姿を現してきたのである。

メルロ゠ポンティは、この現代思想をフランス社会にもたらした哲学者であった。彼は、一九二〇年代に中部ヨーロッパに現れたこの思想をフランスに紹介し、さらにさまざまな分野で示されたその諸形態が共有していた現代的意味を明らかにしようとした。彼は「現代《レ・タン・モデルヌ》」という雑誌を出版したが、彼がフランス社会にもたらしたのは、まさに「現代」であった。彼の弟子だったクロード゠ルフォールは、この点について次のように述べている。「疑いなくメルロ゠ポンティは、人間科学の飛躍的発展のうちにまだ潜在していた現代性の一定の意味を彼の同時代者たちに解き明かした。一方では彼は、見かけ上は哲学を無視している認識作業に哲学の運命が懸《かか》っていることを示し、他方では、この認識作業が各々の領域においてその対象の限界を逸脱していて、一つの人間学の基礎を求めていることを示したのである。」

そしてメルロ゠ポンティは、きわめてカトリック的な思想の伝統にしたがってこの仕事をおこなった。人間の魂が受肉しているということはカトリック思想の一つの中心的な主題《テーマ》であったが、彼は、二〇世紀の諸科学の発展がこの受肉という伝統的な問題に対していかなる照明を与えるかを問うというかたちで、現代思想の意味を哲学的に解明しようとしたのであった。このために彼の哲学は、はっきりとカトリック的な色彩を帯びたものとなった。また彼の哲学は、独立した個人としての人間主体という概念を徐々に捨て去っていったが、このことは今日のフランス現代哲学の方向を決定することになったといえよう。

しかしこのような総括は決して決定的なものではなく、暫定的なものである。メルロ゠ポンティは生の未完結性についてつねに語っていた。したがって彼によれば、「死をうやまうただ一つの追憶は、……生の未完結性のただなかに響きわたる彼らの自由の調子を失わないような追憶なのである。」この言葉にしたがうならば、われわれもまた、メルロ゠ポンティは彼の「道を最後まで辿ってはいない」と考えて、彼の思索の道を彼にかわってさらに辿るべきなのだろう。彼がつねに引用していたヴァン゠ゴッホの言葉をさらに引用するならば、この場合にも、肝心なことは、「もっと遠くへ行く」ことなのである。

あとがき

本書の執筆をすすめてくださった小牧治先生に感謝いたします。また、心身相関の問題に関する研究会において貴重な示唆を与えてくださった古澤頼雄・高田利武・藤崎眞知代・山西哲郎・福地豊樹の各氏、文献を貸してくださった増田良平氏と西原和久氏、フッサールについて教えてくださった大沢興造氏、フランス現代政治史について教えてくださった井上洋氏、フランス語とカトリック思想について教えてくださった堤安紀氏、これらの方々に感謝いたします。さらに本書で用いられた写真の撮影もしてくださった福地豊樹氏に感謝いたします。最後に、出版に際して、清水書院の杉本佳子氏に感謝いたします。

新装版あとがき

本書が出版されて二十年あまりが過ぎたが、幸い本書はおおむね好評をもって迎えられ、特にメルロ＝ポンティの後期の思想についての説明は明確な理解をもたらすと評価された。

現在の時点から本書を顧みる時、追加して指摘すべき事柄と考えられるのは、現象学と数学をめぐる問題である。フッサールは「数の概念について」を教授資格申請論文として本格的な研究生活を開始し、一八九一年に『算術の哲学』を出版したが、これはゴットロープ＝フレーゲ（一八四八～一九二五）によってその心理主義を批判された。それ以後フッサールは現象学の伝統を創始していくのに対して、フレーゲはアリストテレス以来の形式論理学を越えて新たな数理論理学の基礎を確立し、ここから主に英米圏の論理実証主義や分析哲学の伝統が発展していった。

こうして一度は交差したフッサールとフレーゲの哲学的な思索からヨーロッパの現代哲学は別々の方向に発展していったとみなされているのであるが、その後の現象学はこの出発点に立ち帰ろうとしている。すなわちフッサールは晩年になって「幾何学の起源」についての研究を行って数学の問題に関する現象学的な研究に手をつけ、さらにメルロ＝ポンティは一九五九年から六〇年にかけてコレージュ・ド・フランスで「フッサール「幾何学の起源」講義」を行っている。さらに彼は未完の著書『世界の散文』のなかで彼が算式（algorithme）と呼ぶ事柄を扱って、フレーゲが『概念記法』（一八七九年）や『算術の基礎』（一八八四年）や『算術の根本法則』（一八八九～一九〇三年）などでおこなった算術（Arithmetik）の問題に取り組もうとしているのである。

フッサールの場合と同じく、メルロ＝ポンティの場合も、この晩年の試みは未完のままに終わっている。コレージュ・ド・フランスでの講義と同じく『世界の散文』においてもメルロ＝ポンティが強調するのは、知覚された意味が一般にそうであるように数学的な認識によって捉えられた意味もまた、つねに「意味の生成」として未完であり、新たな創造の過程に巻き込まれているということである。「算式的表現は二次的なもの」なのであって、「それは言葉《パロール》の一特殊例なのだ」。しかし、現象学と分析哲学をかくも方向性の異なる異質な哲学としている算式的・算術的な表現の独自性はどこからくるのか。「算式の透明さ」や、それが「計算という機械的な手段によって」「内的生命をもたない記号の体系」をもたらし、「生物には見られないような意味の体系」を構築するということは、いかにして可能になるのか。この点を詳しく明確に説明することは、現象学の課題として今も残されていると言えよう。

新装版に際してお世話になった編集部の中沖栄氏に感謝いたします。

メルロ＝ポンティ年譜

西暦	年齢	年譜	参考事項
一九〇八		3・14、シャラント-マリティム県のロシュフォール・シュル・メールに生まれる。	
一四	6		第一次世界大戦勃発。
一七	9		ロシア革命。
一八	10		第一次世界大戦終結。
一九	11	ル-アーヴルの高等中学校《リセ》に入学する。	
二二	14		スターリンがソ連共産党書記長となる。
二三	15	パリのジャンソン・ド・サイイ高等中学校《リセ》に転校する。	
二四	16	パリのルイ・ル・グラン高等中学校《リセ》に転校する。哲学者になることを決意する。	レーニン死去。
二六	18	高等師範学校《エコール・ノルマル・シュペリユール》に入学する。サルトル、ボーヴォワール、レイモン＝アロン、レヴィ＝ストロースらと知り合う。	
二九	21	フッサールがパリでおこなった講演を聴講する。	世界恐慌が始まる。
三〇	22	哲学の教授資格試験《アグレガシオン》に合格する。	

一九三一	23	10月より三一年9月まで兵役につく。 ボーベの高等中学校《リセ》の哲学教授となる。	
三三	25	国立科学研究所の研究員として研究に従事する。	サルトルがベルリンに留学して現象学の研究をおこなう。 ヒトラーのナチス党がドイツで政権をとる。
三四	26	シャルトルの高等中学校《リセ》の哲学教授となる。	
三五	27	高等師範学校《エコール・ノルマル・シュペリユール》の復習教師となる。 アレクサンドル＝コジェーヴがヘーゲルの『精神現象学』についておこなった講演を聴講する。 ゲシュタルト心理学についてのアロン＝ギュルヴィッチの論文に協力する。 書評「キリスト教とルサンチマン」を発表する。	フランスで人民戦線《フロン・ポピュレール》が結成される。
三六	28	書評「存在と所有」を発表する。 書評「サルトル「想像力」」を発表する。	ドイツ軍がラインラントに進駐する。 レオン＝ブルムの「人民戦線内閣」が成立する。 サルトルが処女作『想像力』を出版する。 スペイン内乱が始まる。

一九三八	30	『行動の構造』の原稿が完成する。	フランスの人民戦線が崩壊する。 モスクワ裁判でブハーリンらが処刑される。 フッサール死去。 ミュンヘン会談。
三九	31	ルーヴァンのフッサール文庫で、フッサールの遺稿を閲覧する。 8月、応召して兵役につく。歩兵第五連隊に配属され、後に軽歩兵第五九師団に配属される。	独ソ不可侵条約。 第二次世界大戦勃発。
四〇	32	9月、除隊となる。 パリのカルノー高等中学校《リセ》の哲学教授となる。	フランスが降伏する。 ポール＝ニザン死去。 ヴィシー政府が成立する。
四一	33	知識人の抵抗組織「社会主義と自由」に参加する。	独ソ開戦。 ド＝ゴールが「自由フランス」を結成する。
四二	34	『行動の構造』を出版する。 ジャン＝カバイエス、チャン＝デュク＝タオらとルーヴァンのフッサールの遺稿をパリに移す計画に着手する。	ドイツ軍がフランス全土を占領する。 フランスで「抵抗運動《レジスタンス》」が本格化する。

一九四三	35	サルトルらと「レ・タン・モデルヌ」誌の発行を計画する。	サルトル『存在と無』
四四	36	カルノー高等中学校《リセ》の受験準備《プレミエール・シュペリユール》クラスの哲学教授となる。	連合軍がノルマンディーに上陸する。パリが解放される。ド＝ゴール臨時政府成立。ド＝ゴール派とレジスタンス民兵組織との二重権力状況が生ずる。
四五	37	サルトルの後任として、コンドルセ高等中学校《リセ》の受験《プレミエ》準備《ール・シュペリユール》クラスの哲学教授となる。『知覚の現象学』を出版する。『行動の構造』と『知覚の現象学』によって博士号を受ける。「レ・タン・モデルヌ」誌を刊行する。	第二次世界大戦終結。サルトル、『自由への道』第一部・第二部を出版する。実存主義が流行となる。
四六	38	リヨン大学の講師となる。論文「真理のために」などを発表して、「レ・タン・モデルヌ」誌の政治方針を決定する。	フランス第四共和制が発足する。第一次インドシナ戦争が始まる。
四七	39	フランス哲学会で「知覚の優位性とその哲学的帰結」と題する講演をおこなう。	

一九四八	40	『ヒューマニズムとテロル』を出版する。	ベルリン封鎖。冷戦が激化する。
四九	41	論文集『意味と無意味』を出版する。 リヨン大学教授に昇任する。 パリ大学文学部教授となり、児童心理学と教育学の講座を担当する。	北大西洋条約機構(NATO)が成立する。 サルトル『自由への道』第三部を出版する。
五〇	42	共産主義に幻滅し「レ・タン・モデルヌ」誌の政治指導を放棄する。	朝鮮戦争が始まる。
五一	43	『世界の散文』の執筆を始めるが、中断する。	
五二	44	コレージュ・ド・フランス教授となる。 サルトルと対立して「レ・タン・モデルヌ」誌と絶縁する。	
五三	45	コレージュ・ド・フランス就任講演「哲学をたたえて」をおこなう。	スターリン死去。
五四	46	『哲学をたたえて』を出版する。 母の死亡によって、打撃を受ける。 「レクスプレス」誌に政治評論を発表し始める。	ディエン・ビエン・フーでフランス軍が敗北する。 マンデス＝フランス内閣がイ

			ンドシナ休戦協定を成立させる。 アルジェリア独立戦争が始まる。
一九五五	47	『弁証法の冒険』を出版して、サルトルを厳しく批判する。	マンデス＝フランスが首相を辞任する。
五六	48	ギ＝モレ内閣のアルジェリア政策に抗議して、レジオン・ドヌール勲章を返上する。 3月、ヴェネチアで開催された「ヨーロッパ文化協会」の席でサルトルと和解する。	ソ連でフルシチョフによるスターリン批判が始まる。 ハンガリー動乱が起こる。
五八	50		アルジェリアでフランス現地軍が反乱を起こす。 第五共和制が成立し、ド＝ゴールが大統領となる。 ヨーロッパ経済共同体（EEC）が成立する。
五九	51	マンデス＝フランスらとともに統一社会党の結成に参加する。 『見えるものと見えないもの』の執筆を始める。	サルトルが地下組織「ジャンソン機関」の支援を始める。
六〇	52	論文集『シーニュ』を出版する。	サルトル『弁証法的理性批判』

一九六一	53	「眼と精神」を発表する。 5・3、冠状動脈血栓症で急死する。	秘密軍事組織（OAS）結成。 アルジェリア現地軍の反乱。 ド＝ゴールが非常大権を発動して反乱を鎮圧する。

以上の年譜作成に際して、木田元『メルロ＝ポンティの思想』の巻末の年譜、廣松渉、港道隆『メルロ＝ポンティ』の巻末の年譜、『行動の構造』の巻末の年譜、「理想」一九八〇年八月号の巻末のサルトル年譜、河野健二『フランス現代史』の巻末の年譜を参照した。

参考文献

●メルロ＝ポンティの著作の翻訳

『行動の構造』　滝浦静雄・木田元訳 ―― みすず書房　一九六四
『知覚の現象学１』　竹内芳郎他訳 ―― みすず書房　一九六七
『知覚の現象学２』　竹内芳郎他訳 ―― みすず書房　一九七四
『知覚の現象学』　中島盛夫訳 ―― 法政大学出版局　一九八二
『ヒューマニズムとテロル』　森本和夫訳 ―― 現代思潮社　一九六五
『眼と精神』　滝浦静雄・木田元訳 ―― みすず書房　一九六六
『シーニュ１』　竹内芳郎他訳 ―― みすず書房　一九六九
『シーニュ２』　竹内芳郎他訳 ―― みすず書房　一九七〇
『意味と無意味』　永戸多喜雄訳 ―― 国文社　一九七〇
『意味と無意味』　滝浦静雄他訳 ―― みすず書房　一九八三
『弁証法の冒険』　滝浦静雄他訳 ―― みすず書房　一九七二
『世界の散文』　滝浦静雄・木田元訳 ―― みすず書房　一九七九
『言語と自然』　滝浦静雄・木田元訳 ―― みすず書房　一九七九
『心身の合一、マールブランシュとビランとベルクソンにおける』　滝浦静雄他訳　朝日出版社　一九八一
『メルロ＝ポンティは語る――知覚の優位性とその哲学的帰結』　菊川忠夫訳 ―― 御茶の水書房　一九八一
『メルロ＝ポンティの研究ノート』　現象学研究会訳 ―― 御茶の水書房　一九八一

『知覚の本性、初期論文集』加賀野井秀一訳 ―――― 法政大学出版局 一九八八
『見えるものと見えないもの、付・研究ノート』滝浦静雄・木田元訳 ―――― みすず書房 一九八九

●メルロ＝ポンティの著作の原典

・La structure du comportement, PUF, 1949.
・Phénoménologie de la perception, Gallimard, 1945.
・Humanisme et terreur, Gallimard, 1947.
・Sens et non-sens, Nagel, 1966.
・Éloge de la philosophie et autres essais, Gallimard, 1953.
・Les aventures de la dialectique, Gallimard, 1955.
・Signes, Gallimard, 1960.
・L'oeil et l'esprit, Gallimard, 1964.
・Le visible et l'invisible, Gallimard, 1964.
・Résumés de cours, collège de france 1952-1960, Gallimard, 1968.
・La prose du monde, Gallimard, 1969.
・L'union de l'ame et du corps chez Malebranche, Biran et Bergson, J. Vrin, 1978.
・Merleau-Ponty à la Sorbonne, résumé de cours, 1949-1952, Cynara, 1988.
・Le primat de la perception et ses conséquences philosophiques, Cynara, 1989.

●メルロ＝ポンティに関する参考文献

「モーリス＝メルロ＝ポンティとルーヴァンのフッサール文庫」
H＝L＝ヴァン＝ブレダ、前田耕作訳（「現象学研究」創刊号に所収）――せりか書房 一九七二
『メルロ＝ポンティと人間科学』ジョン＝オニール、宮武昭・久保秀幹訳――新曜社 一九八六
『メルロ＝ポンティと言語』加賀野井秀一――世界書院 一九八八
『メルロ・ポンティの思想』木田元――岩波書店 一九八四
『メルロ・ポンティの現象学的哲学』レミ＝C＝クワント、滝浦静雄他訳――国文社 一九七六
「メルロー・ポンチ」ジャン＝ポール＝サルトル、平井啓之訳
（『シチュアシオンIV』サルトル全集第三〇巻に所収）――人文書院 一九六四
『近代〈知〉とメルロ＝ポンティ』清水誠――世界書院 一九八八
『メルロ＝ポンティの哲学と現代社会』上・下
L＝スパーリング、丸山敦子・菊川忠夫訳――御茶の水書房 一九八一～八二
『メルロ＝ポンティ』X＝ティリエット、木田元・篠憲二訳――大修館書店 一九七三
『メルロ＝ポンティ』廣松渉・港道隆――岩波書店 一九八三
「特集――メルロ＝ポンティ、生の現実を蘇らせる現象学」
（「現代思想」一九七四年八～九月号）――青土社 一九七四
「メルロ＝ポンティ」（「理想」一九七七年三月号）――理想社 一九七七
・Alden L. Fisher, The Essential Writings of Merleau-Ponty, Harcourt Brace & World, 1969.
・Th. F. Gerates, Vers une nouvelle philosophie transcendentale, Nijhoff, 1971.
・Claude Lefort, Sur une colonne absente, Écrits autour de Merleau-Ponty, Gallimard, 1978.

André Robinet, Merleau-Ponty, sa vie, son oeuvre, PUF, 1963.

●その他の参考文献

『ヴァレリー全集』第一巻、ポール＝ヴァレリー、鈴木信太郎他訳 —— 筑摩書房 一九六七
『フランス現代史』（岩波新書） 内山敏 —— 岩波書店 一九五八
『ことばと意味』 J＝M＝エディ、滝浦静雄訳 —— 岩波書店 一九八〇
『現象学』（岩波新書） 木田元 —— 岩波書店 一九七〇
『フランス現代史』 河野健二 —— 山川出版社 一九七七
『世界名画全集』続巻九『セザンヌ』 —— 平凡社 一九六二
『言語と身体』 滝浦静雄 —— 岩波書店 一九七八
『社会哲学論集、政治における理論と実践』 I・II
J＝ハーバーマス、細谷貞夫訳 —— 未来社 一九六九～七〇
『哲学的・政治的プロフィール』上・下
J＝ハーバーマス、小牧治・村上隆夫訳 —— 未来社 一九八四～一九八六
『ふさがれた道』 S＝ヒューズ、荒川幾男・生松敬三訳 —— みすず書房 一九七〇
『構造主義とは何か』 ジャン＝ブイヨン編、北沢方邦他訳 —— みすず書房 一九六八
『現象学と表現主義』 F＝フェルマン、木田元訳 —— 岩波書店 一九八四
『ボーヴォワール、ある恋の物語』 C＝フランシス、F＝ゴンティエ、福井美津子訳 —— 平凡社 一九八九
『知識人の覇権、二〇世紀フランス文化界とサルトル』
A＝ボスケッティ、石崎晴己訳 —— 新評論 一九八七

『マルセル著作集』第二巻、G＝マルセル、信太正三他訳 ―― 春秋社 一九七一
『ソシュールの思想』 丸山圭三郎 ―― 岩波書店 一九八一
『現象学』（文庫クセジュ） ジャン＝フランソワ＝リオタール、高橋允昭訳 ―― 白水社 一九六五
『レヴィ＝ストロースの世界』 伊藤晃他訳 ―― みすず書房 一九六八
『聖書』 日本聖書協会訳 ―― 日本聖書協会 一九六五
『二〇世紀の歴史』 第一四巻、ジェイ＝M＝ウィンター、深田甫訳 ―― 平凡社 一九九〇
『八月の砲声』 バーバラ＝W＝タックマン、山室まりや訳 ―― 筑摩書房 一九六五
「特大号サルトル」（「理想」一九八〇年八月号） ―― 理想社 一九八〇
・G.W.F. Hegel, Grundlinien der Philosophie des Rechts, Werke in zwanzig Bänden, Bd. 13, Suhrkamp, 1970.
・E. Husserl, Ideen zu einer reinen Phänomenologie und phänomenologischen Philosophie, 2. Buch, Husserliana, Bd. Ⅳ, Nijhoff, 1952.
・G. Lichtheim, Marxism in modern France, Columbia University Press, 1966.
・G. Marcel, Être et avoir, Aubier, 1935.

さくいん

【人　名】

【事　項】

【書名・論文名・雑誌名】

メルロ＝ポンティ■人と思想112　定価はカバーに表示

1992年6月1日　第1刷発行©
2014年9月10日　新装版第1刷発行©

・著　者　……………………村上《むらかみ》　隆夫《たかお》
・発行者　……………………渡部　哲治
・印刷所　……………………広研印刷株式会社
・発行所　……………………株式会社　清水書院

〒102-0072　東京都千代田区飯田橋3-11-6
Tel・03(5213)7151～7
振替口座・00130-3-5283
http://www.shimizushoin.co.jp

検印省略
落丁本・乱丁本は
おとりかえします。

CenturyBooks　Printed in Japan
ISBN978-4-389-42112-0